东方智慧丛书

កម្រងសៀវភៅគតិបណ្ឌិតតំបន់បូព៌ា

កម្រងសៀវភៅគតិបណ្ឌិតតំបន់បូព៌ា

东方智慧丛书

និពន្ធនាយកៈ ថាំង វឹនហួយ លីវ ជឺឈាង

主编：汤文辉　刘志强

ទីប្រឹក្សាៈ ហ្សាំង ប៉ៅឈុន

学术顾问：张葆全

ភាសាចិន - ខ្មែរ

汉 柬 对 照

ការបកប្រែសេចក្ដីសម្រង់មួយចំនួនចេញពី ស្នាដៃឈ្មោះ តាសៀ និង ជុងយុង

大学中庸选译

អ្នកពន្យល់ៈ ហ្សាំង ប៉ៅឈុន

选释：张葆全

បកប្រែដោយៈ ស៊ូ ហ័រឆាយ

翻译：苏华才

ពិនិត្យនិងកែសម្រួលដោយៈ Kun Chanbosorpors

柬埔寨语审读：Kun Chanbosorpors

គូររូបភាពដោយៈ ចឹង ជឺនមីង ឡាន សៀហួយ

绘图：郑振铭　蓝学会

· 桂林 គួយលីន ·

GUANGXI NORMAL UNIVERSITY PRESS

广西师范大学出版社

图书在版编目（CIP）数据

大学中庸选译：汉柬对照 / 张葆全选释；苏华才译；郑振铭，蓝学会绘. —桂林：广西师范大学出版社，2016.9
（东方智慧丛书 / 汤文辉等主编）
ISBN 978-7-5495-8651-6

Ⅰ. ①大… Ⅱ. ①张…②苏…③郑…④蓝… Ⅲ. ①儒家②《大学》－译文－汉语、柬埔寨语 ③《中庸》－译文－汉语、柬埔寨语 Ⅳ. ①B222.14

中国版本图书馆 CIP 数据核字（2016）第 192776 号

广西师范大学出版社出版发行
（广西桂林市中华路 22 号　邮政编码：541001
网址：http://www.bbtpress.com）
出版人：张艺兵
全国新华书店经销
广西大华印刷有限公司印刷
（广西南宁市高新区科园大道 62 号　邮政编码：530007）
开本：880 mm × 1 240 mm　1/32
印张：11.5　　字数：233 千字　　图：50 幅
2016 年 9 月第 1 版　　2016 年 9 月第 1 次印刷
定价：86.00 元

总 序

文化交流对人类社会的存在与发展至关重要。季羡林先生曾指出，文化交流是推动人类社会前进的主要动力之一，文化一旦产生，就必然交流，这种交流是任何力量也阻挡不住的。由于文化交流，世界各民族的文化才能互相补充，共同发展，才能形成今天世界上万紫千红的文化繁荣现象。[1]

中国与东盟国家的文化交流亦然，并且具有得天独厚的优势。首先，中国与东盟许多国家地理相接，山水相连，不少民族之间普遍存在着跨居、通婚现象，这为文化交流奠定了良好的地理与人文基础。其次，古代中国与世界其他国家建立起的“海上丝绸之路”为中国与东盟国家的经济、文化交流创造了有利的交通条件。

中国与东盟诸多使用不同语言文字的民族进行思想与文化对话，自然离不开翻译。翻译活动一般又分为口译和笔译两类。有史记载的

[1]季羡林：《文化的冲突与融合·序》，载张岱年、汤一介等《文化的冲突与融合》，北京大学出版社，1997年，第2页。

中国与东盟之间的口译活动可以追溯至西周时期，但笔译活动则出现在明代，至今已逾五百年的历史。

在过去五百年的历史长河中，东盟国家大量地译介了中国的文化作品，其中不少已经融入到本国的文化中去。中国译介东盟国家的作品也不在少数。以文字为载体的相互译介活动，更利于文化的传承与发展，把中国与东盟国家的文化交流推上了更高的层次。

2013 年 9 月，国务院总理李克强在广西南宁举行的第十届中国—东盟博览会开幕式上发表主旨演讲时指出，中国与东盟携手开创了合作的“黄金十年”。他呼吁中国与东盟百尺竿头更进一步，创造新的“钻石十年”。2013 年 10 月，习近平总书记在周边外交工作座谈会上强调要对外介绍好我国的内外方针政策，讲好中国故事，传播好中国声音，把中国梦同周边各国人民过上美好生活的愿望、同地区发展前景对接起来，让命运共同体意识在周边国家落地生根。于是，把中华文化的经典译介至东盟国家，不仅具有重要的历史意义，同时还蕴含着浓厚的时代气息。

所谓交流，自然包括“迎来送往”，《礼记》有言：“往而不来，非礼也；来而不往，亦非礼也。”中国与东盟国家一样，既翻译和引进外国的优秀文化，同时也把本国文化的精髓部分推介出去。作为中国最具人文思想的出版社之一——广西师范大学出版社构想了《东方智慧》丛书，并付诸实践，不仅是中国翻译学界、人文学界的大事，更是中国与东盟进行良好沟通、增进相互了解的必然选择。广东外语外贸大学和广西民族大学作为翻译工作的主要承担方，都是国家外语非通用语种本科人才培养基地，拥有东盟语言文字的翻译优势。三个单位的合作将能够擦出更多的火花，向东盟国家更好地传播中华文化。

联合国教科文组织的官员认为，“文化交流是新的全球化现象”。[1]我们希望顺应这一历史潮流与时代趋势，做一点力所能及的事。

是为序。

刘志强

2015 年 1 月 25 日

[1]《联合国教科文组织文化政策与跨文化对话司司长卡特瑞娜·斯泰诺的致辞》，载《世界文化的东亚视角》，北京大学出版社，2004年，第3页。

បុព្វកថា

ការផ្លាស់ប្តូរវប្បធម៌មានសារៈសំខាន់ក្នុងអត្ថិភាពនិងការវិវត្តនៃសង្គមមនុស្ស។ លោកសាស្ត្រាចារ្យ ជី ស៊ានលីន ធ្លាប់កត់សម្គាល់ថា ការផ្លាស់ប្តូរវប្បធម៌ជាកម្លាំងចលករដ៏សំខាន់មួយសម្រាប់ជំរុញឱ្យសង្គមមនុស្សបោះជំហានទៅមុខ។ អោយតែមានវប្បធម៌កកើតឡើង ប្រាកដមានការផ្លាស់ប្តូររវាងគ្នានឹងគ្នាជាពុំខាន គ្មានកម្លាំងអ្វីមួយ អាចរារាំងនូវការផ្លាស់ប្តូរបែបនេះឈ្នះបានទេ។ ព្រោះតែមានការផ្លាស់ប្តូរគ្នាទៅវិញទៅមកនេះ ទើបវប្បធម៌នៃគ្រប់ជាតិសាសន៍ក្នុងលោក អាចជួយបំពេញបន្ថែមគ្នា រីកចំរើនរួមគ្នា និងមានវិបុលភាពនៃវប្បធម៌ដ៏សម្បូរបែបក្នុងលោកនាសព្វថ្ងៃនេះ។[1]

ការផ្លាស់ប្តូរវប្បធម៌រវាងចិននិងបណ្តាប្រទេសអាស៊ានក៏ដូចគ្នាដែរ ហើយក៏មានលក្ខខណ្ឌអំណោយផលពិសេសថែមទៀតផង។ទីមួយៈ ចិននិងប្រទេសមួយចំនួននៃអាស៊ានមានព្រំដែនជាប់គ្នា។ ការធ្វើចំណាកស្រុក តាំងទីលំនៅនិងការ

[1] ជី ស៊ានលីនៈ បុព្វកថានៃសៀវភៅ ការប៉ះទង្គិចនិងចុះសម្រុងគ្នានៃវប្បធម៌ បោះពុម្ពដោយគ្រឹះស្ថានបោះពុម្ពផ្សាយសកលវិទ្យាល័យប៉េកាំង ឆ្នាំ ១៩៩៧ ទំព័រទី ២។

ភ្ជាប់ចំណងសាច់ញាតិ រៀបអាពាហ៍ពិពាហ៍រវាងជនជាតិមួយចំនួន ជាមូលដ្ឋានគ្រឹះខាងភូមិសាស្ត្រនិងមនុស្សសាស្ត្រដ៏ល្អប្រសើរសម្រាប់ការផ្លាស់ប្តូរវប្បធម៌។ ទីពីរ៖ វិថីសូត្រសមុទ្រ ដែលបង្កើតឡើងដោយប្រទេសចិននិងបណ្តាប្រទេសផ្សេងៗទៀតតាំងពីដើមមកបានផ្តល់នូវផ្លូវចរាចរណ៍ដ៏មានសារៈប្រយោជន៍មួយក្នុងការផ្លាស់ប្តូរសេដ្ឋកិច្ចនិងវប្បធម៌រវាងចិននិងបណ្តាប្រទេសអាស៊ាន។

ចិននិងអាស៊ាន បើកកិច្ចសន្ទនាខាងមនោគមវិជ្ជានិងវប្បធម៌ ដោយប្រើនូវភាសានិងតួអក្សរខុសប្លែកពីគ្នា មិនអាចចៀសផុតពីការបកប្រែនោះទេ។ ការបកប្រែភាសាចែកចេញជាពីរប្រភេទ គឺការបកប្រែផ្ទាល់មាត់ និងការបកប្រែដោយសំណេរ។ ប្រវត្តិបកប្រែផ្ទាល់មាត់រវាងចិននិងអាស៊ាន ដែលមានកត់ត្រាទុកក្នុងឯកសារប្រវត្តិសាស្ត្រ បានចាប់ផ្តើមពីរាជវង្សស៊ីចូវមកម្ល៉េះ ប៉ុន្តែការបកប្រែដោយសំណេរវិញ ទើបតែចាប់មានកាលពីរាជវង្សម៉េងនេះដែលមានប្រវត្តិជាង ៥០០ ឆ្នាំមកហើយ។ ក្នុងរយៈកាលជាង ៥០០ ឆ្នាំចុងក្រោយនេះ បណ្តាប្រទេសអាស៊ានបានបកប្រែអក្សរសិល្ប៍ចិនជាច្រើន ហើយស្នាដៃទាំងនោះ បានជ្រាបចូលក្នុងវប្បធម៌ជាតិនៃបណ្តាប្រជាជាតិអាស៊ាន។ ការបកប្រែស្នាដៃអក្សរសិល្ប៍អាស៊ានទៅជាភាសាចិន ក៏មានចំនួនមិនតិចដែរ។ ការបកប្រែទៅវិញទៅមកដោយមានអក្សរជាភ្នាក់ងាអំណោយផលដល់ការស្នងបន្តផ្សព្វផ្សាយ និងការអភិវឌ្ឍវប្បធម៌នេះ ជំរុញការផ្លាស់ប្តូរវប្បធម៌រវាងចិននិងអាស៊ានឱ្យឈានឡើងដល់កម្រិតកាន់តែខ្ពស់មួយថែមទៀត។

នៅក្នុងពិធីបើកសម្ពោធពិព័រណ៍ចិន-អាស៊ានលើកទី១០ដែលរៀបចំធ្វើឡើងនៅទីក្រុងណាននីង ខេត្តក្វាងស៊ី ប្រទេសចិនកាលពីខែកញ្ញា ឆ្នាំ ២០១៣ លោកលីឃើឈៀង នាយករដ្ឋមន្ត្រីចិនបានថ្លែងសុន្ទរកថាជាគន្លឹះថា៖ ចិននិងអាស៊ានព្រួតដៃគ្នា បង្កើតឡើងនូវទសវត្សរ៍យុគសម័យមាស។ គាត់អំពាវនាវឱ្យចិននិងអាស៊ានបន្តខិតខំប្រឹងប្រែង រួមកម្លាំងកាយចិត្ត ដើម្បីឆ្ពោះទៅបង្កើតទសវត្សរ៍យុគសម័យត្បូងពេជ្រថ្មីមួយទៀត។ នៅក្នុងកិច្ចសន្ទនាគ្នាស្តីពីការងារនៃការបរទេសសម្រាប់ប្រទេសនៅជុំវិញខ្លួន លោក ស៊ី ជីនភីង ប្រធានាធិបតីចិនបានសង្កត់ធ្ងន់ថាយើង

គួរតែឃោសនាផ្សព្វផ្សាយនូវគោលនយោបាយផ្ទៃក្នុងនិងក្រៅប្រទេស ពិពណ៌នាអំពីចិនឱ្យគេបានដឹងឮ ផ្សព្វផ្សាយនូវទស្សនៈគំនិតចិនអោយរីកសព្វសាយ វេញបញ្ចូលរវាងសុបិនចិន និងបំណងចង់បានជីវភាពល្អបវររបស់ប្រជាជននៃបណ្តាប្រទេសនៅជុំវិញ វេញបញ្ចូលរវាងសុបិនចិននិងទស្សនវិស័យសម្រាប់ការអភិវឌ្ឍក្នុងតំបន់ ដើម្បីធ្វើឱ្យគំនិតសហគមន៍ជោគវាសនាតែមួយចាក់ឫសចូលក្នុងបណ្តាប្រទេសនៅជុំវិញ។ ហេតុដូច្នេះ ការបកប្រែស្នាដៃដែលជាវណ្ណកម្មនៃវប្បធម៌ចិនទៅជាភាសាអាស៊ាន មិនគ្រាន់តែមានអត្ថន័យជាប្រវត្តិសាស្ត្រដ៏សំខាន់ប៉ុណ្ណោះទេ ថែមទាំងបង្កប់នូវលក្ខណៈពិសេសនាសម័យបច្ចុប្បន្ននេះទៀតផង។

ទាក់ទងនឹងការផ្លាស់ប្តូរ រួមបញ្ចូលទាំងការទៅមករាប់រកគ្នា ក្នុងគម្ពីរលីជីមានឃ្លាមួយពោលថា «ការទៅមិនមក ពុំគួរសមទេ ការមកមិនទៅ ក៏ពុំគួរសមដែរ។» ចិនក៏ដូចបណ្តាប្រទេសនៃអាស៊ានដែរ បានធ្វើការបកប្រែនិងនាំចូមកនូវវប្បធម៌នៃអរិយប្រទេសផង ផ្សព្វផ្សាយនូវវប្បធម៌ពិសេសនិងសំខាន់របស់ខ្លួនឯងសម្រាប់ឱ្យគេស្គាល់និងយល់ដឹងផង។ គ្រឹះស្ថានបោះពុម្ពផ្សាយសកលវិទ្យាល័យគរុកោសល្យខេត្តក្វាងស៊ី ដែលជាគ្រឹះស្ថានបោះពុម្ពផ្សាយប្រកបដោយផ្នត់គំនិតមនុស្សសាស្ត្រជាងគេមួយក្នុងប្រទេសចិន បានផ្តួចផ្តើមនូវគំនិតរៀបរៀងចងក្រងកម្រងសៀវភៅវប្បធម៌ចិនសម្រាប់អាស៊ាន ហើយចាប់អនុវត្តភ្លាមៗ ដែលនេះមិនត្រឹមតែជាកិច្ចការធំមួយ ក្នុងមជ្ឈដ្ឋានបកប្រែចិន និងមជ្ឈដ្ឋានមនុស្សសាស្ត្រចិនប៉ុណ្ណោះ ថែមទាំងជាជម្រើសមិនអាចបោះបង់បាន សំរាប់ទំនាក់ទំនងល្អប្រសើររវាងចិននិងអាស៊ាន ដើម្បីជំរុញឱ្យមានទំនាក់ទំនងល្អនឹងគ្នា កាន់តែយល់ដឹងគ្នានិងបង្កើនចំណងមិត្តភាពរវាងគ្នា។ សកលវិទ្យាល័យជនជាតិក្វាងស៊ី និងសកលវិទ្យាល័យភាសាបរទេសនិងពាណិជ្ជកម្មអន្តរជាតិខេត្តក្វាងទុង ជាមូលដ្ឋានជាតិសម្រាប់បណ្តុះបណ្តាលនិស្សិតបរិញ្ញាបត្រជំនាញភាសាបរទេស (ភាសាមិនប្រើជាសកល) ជាអ្នកទទួលបន្ទុកសំខាន់ក្នុងការបកប្រែលើកនេះ មានសមត្ថភាពលើសគេក្នុងការបកប្រែភាសាអាស៊ាន។ កិច្ចសហប្រតិបត្តិការនៃភាគីទាំងបី ប្រាកដជាមានការប៉ះទង្គិចខាងផ្នត់គំនិតកាន់តែច្រើន ហើយផ្សព្វផ្សាយវប្បធម៌ចិនសម្រាប់

បណ្តាប្រទេសនៃអាស៊ានឱ្យកាន់តែច្រើនសម្បូរថែមទៀត។

មន្ត្រីអង្គការយូណេស្កូនៃអង្គការសហប្រជាជាតិកត់សម្គាល់ថា ការផ្លាស់ប្តូរវប្បធម៌ជាបាតុភូតសកលភាវូបនីយកម្មដ៏ថ្មីមួយ។[1] យើងខ្ញុំមានបំណងធ្វើទៅតាមលទ្ធភាពខ្លួន ដោយស្របតាមទំនោរថ្មីនៃស្ថានការណ៍យុគសម័យនេះ។

ខ្ញុំសូមដាក់ជាបុព្វកថា។

លីវ ជឺឈាង

ថ្ងៃទី ២៥ ខែមករា ឆ្នាំ ២០១៥

[1] សុន្ទរកថារបស់ប្រធាននៃនាយកដ្ឋាននយោបាយវប្បធម៌និងឆ្លើយឆ្លងអន្តរវប្បធម៌នៃអង្គការយូណេស្កូ ក្នុងសៀវភៅ ចក្ខុវិស័យអាស៊ីបូព៌ានៃវប្បធម៌លោក បោះពុម្ពដោយគ្រឹះស្ថានបោះពុម្ពផ្សាយសកលវិទ្យាល័យប៉េកាំង ឆ្នាំ ២០០៤ ទំព័រទី ៣។

前言

《大学》和《中庸》，原为《礼记》中的两篇。南宋朱熹把《大学》和《中庸》与《论语》、《孟子》编在一起，称为“四书”，供读书人阅读。朱熹还撰写了《四书章句集注》（含《大学章句》、《中庸章句》、《论语集注》、《孟子集注》），解释了“四书”的文字和义理。在编辑时，朱熹对《大学》和《中庸》原文进行了分章，对《大学》的文字还做了一些调整。

由于南宋以后，历代科举考试主要考“四书”“五经”，所以“四书”“五经”成为读书人必读的“教科书”。“四书”“五经”的思想，日益深入人心，对古代中国人（尤其是知识分子）世界观、人生观的形成，产生了非常巨大的影响。其中包含着许多极为优秀的思想文化传统，值得我们继承和发扬。

《大学》——为学修身之正途

今天，《大学》对于我们，可以看作是：教育之纲领，为学之正途，修身之极则，从政之宝典。

朱熹说："大，过去读音读成泰，今天读音仍读成大。"在春秋末年孔子创办私学之前，"学在官府"（学校都是官办的），大学即国家的最高学府。《礼记·王制》说："小学设在宫廷的左侧，大学设在城郊。天子设立的大学叫辟雍，诸侯设立的大学叫泮宫。"《大戴礼记·保傅》说："古时候，小孩八岁时就开始上小学，学习基础的文化技艺，练习基本的礼节，培养初步的道德情操。十五岁就上大学，学习较为精深的文化技艺，练习较为繁复的礼节，按成人要求培养高尚的道德情操。"东汉郑玄在《礼记目录》中说："在大学里，学子们广博地学习（学做人的道理，学从政的才能），可以为以后从政打下基础。"

在《大学章句》中，朱熹引程颐之言说："《大学》是孔子儒家学派传世的典籍，是初学者学习精研道德学问的入门书。在今天要了解古人怎样学习精研道德学问，就靠这部《大学》，其次则是《论语》和《孟子》。"他告诉我们，古人求学，《大学》是必须首先研读的。

朱熹将《大学》分为11章，说："第一章是经，是孔子说的话，是孔子弟子曾子记录下来的；后面十章是传（按：第五章为朱熹所补），是曾子的解释，是他的弟子门人记录下来的。"

曾子即曾参（前505—前435），字子舆，鲁国武城人，孔子弟子，《史记·仲尼弟子列传》说他小孔子46岁。其父曾点，也是孔子弟子。据《论语》记载，曾参严于律己，说"我每天都要多次反省我自己"。认为年轻学子"应把施行仁德于天下作为自己的使命"，因而年轻学子必定是"负担沉重而路途遥远"。他事亲至孝，并特别看重"孝"道，认为"在上位的人如果能恭谨地对待父母的死亡，追念而不忘祖先的功绩，老百姓的道德风气也就会跟着归于淳朴忠厚"。《史记·仲尼弟子列传》说："孔子认为他精通孝道，所以对他进行了特别的传授。后来他写了《孝经》。"曾子也曾收徒讲学，孔子之孙子思是他的弟子，而孟子又敬仰子思，拜子思门人为师。由于曾子之传授而形成的"思孟学派"，成为儒家的正统学派。《汉书·艺文志》著录《曾子》十八篇，早已亡佚，今仅《孝经》、《大学》传世。此外，在《大戴礼记》、《孔子家语》等书中，有一些曾子言行的记载。

《中庸》——为人处世之宝典

中庸哲学是孔子的认识论，是他认识事物、处理矛盾的思想方法，也是他为人处世的道德标准。中庸哲学体现了孔子解决一切理论和实践问题的最高智慧。从《论语》、《孟子》等书来看，孔子的中庸思想，有"执中守正"、"折中致和"、"因时制宜通权达变"等含义。

东汉郑玄在《礼记目录》中谈到《中庸》篇时说："它的名称叫作'中庸'，是因为它所阐述的是'中和'的践行和功用。'庸'的意思就是'用'。"

朱熹在《中庸章句》开头解题时说："'中'，是不偏不倚、无过不及的名称。'庸'，是'平常'的意思。程子说：'不偏就叫作中，不易就叫作庸。中是天下的正道，庸是天下的定理。'"由此可知，孔孟儒家所说的中庸，就是恪守中道，坚持原则，不偏不倚，从容适度，不走极端，无"过"无"不及"。在处理矛盾时善于执两用中，协调致和，追求中正、中和、稳定、和谐。并且随时以处中，因时制宜，与时俱进。

中庸哲学所说的"中"，本身就包含了"和"。儒家文化讲"和而不同"（协调致和而不强行同一），讲"和实生物，同则不继"（阴阳协调从而致和就能滋生繁衍万物，强行同一万物就不能持续繁衍），其实质就是重视差异，尊重他人，尊重不同意见，重视协调，折中致和，崇尚和谐。

中庸之道，是儒家坚定的信仰和追求。儒家视中庸之道为"修身"

之极则，也是“治国平天下”的正道。

朱熹将《中庸》分为33章，并按全文内容，提示其论述要点。按照提示，全文可分为三个部分：第一部分，1—11章，重点论“中庸”，说明“执中守正是天下一切情感和道理的根本；折中致和，是天下一切事物的普遍原则。达到‘中和’的境界，天地便各在其位了，万物便生长繁育了”，中庸之道是“不可以片刻离开”的。第二部分，12—20章，重点论“道”，说明“中庸之道并不是远离人们的”，中庸之道的运用，既广大又精微。第三部分，21—33章，重点论“诚”，说明“诚”既是“天之道”，也是“人之道”。《中庸》论“诚”，实际上是论人的信仰和追求，也就是对中庸之道的信仰和追求。

朱熹说：“此篇是孔子儒家所传授的‘心法’（代代传授最为重要的心得和方法），子思恐怕时间久远而走样失真，所以用笔写了下来，后来他的门人便传授给孟子。”

《史记·孔子世家》记载，子思（前483－前402），名孔伋，字子思，孔鲤（字伯鱼）之子，孔子之孙，作《中庸》。《史记·孟子荀卿列传》说，孟子曾受业于子思之门人。《汉书·艺文志》著录《子思》二十三篇，早已亡佚，今仅《中庸》、《表记》、《坊记》（均收入《礼记》中）传世。但今本《中庸》有的文字，如二十八章“今天下车同轨，书同文，行同伦”等语，明显为秦汉间人所增补。

朱熹对《中庸》一书极为推崇，说：“这部书开头只说中庸一理，中间扩散发挥涉及万事万物，最后又归结为中庸一理。放开去它充满在天地东南西北各方，收起来可珍藏于密室之中。它的意味无穷无尽，都是实实在在的学问。善于读书的人认真研读玩味就会有莫大的收获，终身运用它就会感受到它的功用无穷无尽。”

本书从《大学》和《中庸》中精选了100条进行译解，原文均据朱熹《四书章句集注》（中华书局 2011 年 1 月出版），各条标题，为中文译解者据原文和朱熹解说所加。中文译解者对原文进行了通俗易懂的翻译和解析，力求将《大学》、《中庸》思想的原貌及其精髓较为完整地呈现在读者面前。希望《大学》、《中庸》的思想精华，能给今天的人们以及子孙后代带来更多的有益启示。

អារម្ភកថា

ស្នាដៃតាសៀ(大学, ប្រែជា ការសិក្សាដ៏ប្រសើរ) និងស្នាដៃជុងយុង (中庸, ប្រែជា មជ្ឈិមប្បដិបទា គឺសេចក្ដីបដិបត្តិតាមដំណើរអដ្ឋង្គិកមគ្គជាចន្លោះកណ្ដាលនៃសេចក្ដីបដបត្តិតឹងពេក និងធូរពេក) គឺជាស្នាដៃពីរដែលមាននៅក្នុងគម្ពីរឈ្មោះ លីជី(礼记)។ លោក ជូ ស៊ី ដែលរស់នៅសម័យរជ្ជកាលណាន់សុង បានចងក្រងស្នាដៃបួន គឺ តាសៀ ជុងយុង លុនយី និង ម៉ឹងជឺ រួមបានជាគម្ពីរមួយ ដែលគេហៅថា 《សៀវភៅទាំងបួន》។ លោក ជូ ស៊ី នៅអត្ថាធិប្បាយ 《សៀវភៅទាំងបួន》ទៀតដែលមានបទអត្ថាធិប្បាយអំពីតាសៀ បទអត្ថាធិប្បាយអំពីជុងយុង បទអត្ថាធិប្បាយអំពីលុនយី និងបទអត្ថាធិប្បាយអំពីមឹងជឺ។ នៅពេលចងក្រង លោក ជូ ស៊ី បានចែកជាវគ្គដល់តាសៀនិងជុងយុង ហើយធ្វើការសម្របសម្រួលខ្លះៗពីតាសៀ។

ក្រោយរជ្ជកាលណាន់សុង ការប្រឡងធ្វើជាមន្ត្រីភាគច្រើនប្រឡង អំពីខ្លឹមសារក្នុង 《សៀវភៅ៤ក្បាល》 និង 《គម្ពីរ៥ក្បាល》 ដូចនេះហើយបានជា《សៀវភៅ៤ក្បាល》 និង 《គម្ពីរ៥ក្បាល》 ក្លាយទៅជាសៀវភៅដ៏សំខាន់សម្រាប់អ្នកដែលត្រៀមប្រឡង។ ផ្នត់គំនិតនៃស្នាដៃទាំងនេះបានដក់ជាប់ក្នុង

ចិត្តរបស់ប្រជាជនចិនកាន់តែជ្រៅ ហើយបានជះឥទ្ធិពលយ៉ាងខ្លាំងចំពោះជនជាតិចិនបុរាណទៅលើទស្សនៈចំពោះពិភពលោក និងទស្សនៈចំពោះជីវិត ជាពិសេសចំពោះអ្នកដែលមានចំណេះដឹង។ ហើយផ្ទត់គំនិតវប្បធម៌និងប្រពៃណីដ៏ល្អប្រសើរនៃ《សៀវភៅ៤ក្បាល》និង《គម្ពីរ៥ក្បាល》គួរឲ្យយើងបន្តនិងផ្សព្វផ្សាយតទៅទៀត។

ស្នាដៃតាសៀជាផ្លូវត្រូវសម្រាប់អប់រំខ្លួន

សព្វថ្ងៃនេះ យើងចាត់ទុកស្នាដៃតាសៀជាគោលការណ៍សម្រាប់ការអប់រំជាបទដ្ឋាននៃការស្រាវជ្រាវ ជាបទដ្ឋានខ្ពស់បំផុតនៃការអប់រំខ្លួន និងជាបែបបទនៃការធ្វើនយោបាយ។

លោក ជូ ស៊ី ធ្លាប់និយាយថា《តា(大)ធ្លាប់ត្រូវបានគេអានថាថៃ(泰) ហើយសព្វថ្ងៃនេះនៅតែអានថាថៃ (泰)ដដែល》។ នៅចុងសម័យឈុនឈៀវ លោក ខុង ជឺ បានបង្កើតសាលាឯកជនមួយ ដោយដាក់ឈ្មោះថា មជ្ឈមណ្ឌលទស្សនវិជ្ជា។ មុនពេលនោះ សាលាទាំងអស់នៅក្នុងប្រទេសចិនសុទ្ធតែបង្កើតឡើងដោយរដ្ឋ《តាសៀ(大学)》មានន័យថាសាលាថ្នាក់ខ្ពស់បំផុត។ ស្នាដៃលីជី-វ៉ាងជី បាននិយាយថា《បឋមសិក្សាមានទីតាំងស្ថិតនៅខាងឆ្វេងព្រះបរមរាជវាំង ឯសាលាថ្នាក់ខ្ពស់បំផុតវិញ មានទីតាំងស្ថិតនៅឯជាយក្រុង។ សាលាថ្នាក់ខ្ពស់បំផុតដែលតាំងដោយអធិរាជ ហៅថា ភីយុង(辟 雍) សាលាថ្នាក់ខ្ពស់បំផុតដែលតាំងដោយស្តេចត្រាញ់វិញ ហៅថា ផាន់កុង(泮 宫) ។》 យោងតាមស្នាដៃតាតៃលីជី-បៅហ្វូ បានឲ្យដឹងថា《ក្នុងសម័យបុរាណពេលគ្រប់អាយុ ៨ ឆ្នាំ កុមារក៏ទៅចូលរៀននៅបឋមសិក្សា លុះដល់អាយុ ១៥ ឆ្នាំ ពួកគេចូលរៀននៅសាលាថ្នាក់ខ្ពស់បំផុត។ ពួកគេបានរៀនពីចំណេះជំនាញខាងផ្នែកវប្បធម៌ ដោយផ្តើមពីភាពងាយស្រួលទៅស៊ីជម្រៅ ហាត់រៀនពីសុជីវធម៌ដោយផ្តើមពីភាពងាយស្រួលទៅលំបាក បណ្តុះបណ្តាលឥរិយាបថខាងផ្នែកសីលធម៌ពីថ្នាក់ទាបទៅថ្នាក់ខ្ពស់》។ ក្នុងស្នាដៃមាតិកានៃលីជី លោក ជឹងសៀន(郑玄)ដែលរស់នៅក្នុងរជ្ជកាលទុងហាន បាននិយាយថា《នៅសាលា

ថ្នាក់ខ្ពស់បំផុត សិស្សានុសិស្សត្រូវរៀនពីរបៀបធ្វើជាមនុស្សនិងរៀនឲ្យមានសមត្ថភាពខាងផ្នែកនយោបាយ ដើម្បីធ្វើនយោបាយ នាពេលក្រោយ» ។

យោងតាមស្នាដៃតាសៀចាំងជី បានឲ្យដឹងថា ការពន្យល់និងវិភាគទៅលើជំពូកនិងប្រយោគនៃតាសៀ ដែលក្នុងនោះ លោក ជូ ស៊ី បានដកស្រង់សំដីរបស់លោក ឈឹង យី ដែលថា «ស្នាដៃតាសៀជាឯកសារបុរាណដ៏សំខាន់មួយរបស់លទ្ធិខុងជឺ ហើយក៏ជាសៀវភៅសម្រាប់អ្នករៀនដំបូងផងដែរ ដើម្បីរៀនឲ្យចេះនៅក្នុងការស្រាវជ្រាវលម្អិតទៅលើចំណេះដឹងខាងផ្នែកសីលធម៌។ បច្ចុប្បន្ននេះ ប្រសិនបើយើងចង់រៀនឲ្យចេះ ក្នុងការស្រាវជ្រាវលម្អិតទៅលើចំណេះដឹងខាងផ្នែកសីលធម៌នោះ យើងត្រូវរៀនតាសៀ លុនយី និងមឹងជឺ»។ កាលណាជនជាតិចិនបុរាណចូលរៀនអ្វីដែលពួកគេត្រូវរៀនមុនគេនោះគឺតាសៀ។

លោក ជូ ស៊ី បានចែកជា ១១ ជំពូក គឺជំពូកទីមួយជាគម្ពីរ ដែលសិស្សរបស់ ខុង ជឺ បានកត់ត្រាទុកតាមពាក្យសំដីរបស់ ខុង ជឺ ហើយជប់ជំពូកចុងក្រោយជាជីវប្រវត្តិ ដែលសិស្សរបស់ ជឹង ជឺ បានកត់ត្រាទុកតាមពាក្យសំដីរបស់ ជឹង ជឺ។

លោក ជឹង ជឺ ឈ្មោះ ជឹង ស៊ីន(៥០៥—៤៣៥ មុនគ.ស.) មានងារថា ជឺយូ ជាអ្នកស្រុកអ៊ូឈឹងនៃនគរលូ ក៏ជាសិស្សម្នាក់របស់ខុងជឺដែរ ។ យោងតាមស្នាដៃឈ្មោះ កំណត់ប្រវត្តិសាស្ត្រ- គម្រងជីវប្រវិត្តសិស្សរបស់ ខុង ជឺ គេបានដឹងថា លោក ជឹង ជឺ មានអាយុតិចជាង ខុង ជឺ ៤៦ ឆ្នាំ។ ឪពុករបស់ ជឹង ជឺ ឈ្មោះ ជឹង ទៀន ក៏ជាសិស្សមួយរូបរបស់ ខុង ជឺ ដែរ។ តាមកំណត់ត្រានៃស្នាដៃមួយឈ្មោះ លុនយី បានកត់ត្រាទុកថា ជឹង ស៊ីន មានវិន័យតឹងតែងណាស់ចំពោះខ្លួនឯង គាត់និយាយថា «រាល់ថ្ងៃ ខ្ញុំត្រូវពិចារណាពីទង្វើរបស់ខ្លួនឯងឲ្យបានច្រើនដង»។ គាត់យល់ឃើញទៀតថា «យុវសិស្សត្រូវចាត់ទុកការផ្សព្វផ្សាយទង្វើប្រកបដោយមេត្តាធម៌ និងសីលធម៌នៅក្នុងលោកនេះ ជាកាតព្វកិច្ចរបស់ខ្លួន» ដូច្នេះហើយ យុវសិស្សច្បាស់ជា «មានកិច្ចយ៉ាងសំខាន់ហើយត្រូវធ្វើវាក្នុងរយៈពេលមួយដ៏វែង»។ ជឹង ជឺ មានកតញ្ញូតាធម៌ចំពោះ

ឪពុកម្ដាយ ជាពិសេស លោកចាត់ទុកកតញ្ញូតាធម៌ជាសំខាន់ ហើយក៏យល់ផងដែរថា《ប្រសិនបើឧត្ដមជនចាត់ទុក ការស្លាប់របស់ឪពុកម្ដាយជារឿងដ៏សំខាន់ នឹករំលឹកដល់បុព្វបុរស និងមិនភ្លេចកេរ្ដិ៍ដំណែលរបស់ពួកគេ ដូច្នេះហើយ ទើបបានជាខាងផ្នែកសីលធម៌របស់សាមញ្ញជនសង្ខេបមកត្រឹមសេចក្ដីស្មោះត្រង់》។ ស្នាដៃដែលឈ្មោះ កំណត់ប្រវត្តិសាស្ត្រ-គម្រងជីវប្រវិត្តសិស្សរបស់ ខុង ជឺ បាននិយាយថា《ខុង ជឺ យល់ឃើញថា ជឹង ជឺ មានជំនាញខាងកតញ្ញូតាធម៌ ដូច្នេះ ក៏បង្រៀនទៅឲ្យគាត់ ក្រោយមក ជឹង ជឺ បាននិពន្ធគម្ពីរកតញ្ញូតាធម៌។》ជឹង ជឺ ក៏ធ្លាប់បានបង្រៀនសិស្សមួយចំនួនដែរ ជឺ សឺ ថៅរបស់ ខុង ជឺ ក៏ជាសិស្សរបស់ ជឹង ជឺ ហើយ មឹង ជឺ ក៏គោរព ជឺ សឺ ទៀត និងចាត់ទុក ជឺ សឺ ជាគ្រូ។ ហេតុដូច្នេះ ហើយបានជា ក៏បង្កើត《ក្រុមមឹងសឺ》ដែលក្លាយទៅជាក្រុមប្រពៃណីដ៏សំខាន់មួយនៃលទ្ធិខុងជឺ។ យោងតាមស្នាដៃឈ្មោះប្រវត្តិសាស្ត្ររជ្ជកាលហាន-យីវិនជី ក្នុងនោះគេបានចងក្រងស្នាដៃជឹងជឺចំនួន ១៨ ជំពូក តែវាបានបាត់បង់ខ្លះទៅហើយ ពេលនេះវាបន្សល់ទុកតែស្នាដៃគម្ពីរកតញ្ញូនិងតាសៀ។ ក្រៅពីនេះ មានសៀវភៅខ្លះបានកត់ត្រាទុកនូវពាក្យសំដីរបស់ ជឹង ជឺ ដូចជា ស្នាដៃតាតែលីជីនិងស្នាដៃពាក្យសំដីរបស់ ខុង ជឺ។

ទស្សនវិជ្ជាជុងយុង—សៀវភៅដ៏មានតម្លៃខ្ពង់ខ្ពស់ដែលនិយាយអំពីរបៀបរៀនធ្វើជាមនុស្ស

ទស្សនវិជ្ជាជុងយុង គឺជាទស្សនៈរបស់ ខុង ជឺ ដែលឈ្វេងយល់ហេតុការណ៍នានានិងដោះស្រាយបញ្ហាទំនាស់ ហើយក៏ជារបៀបរៀនធ្វើជាមនុស្សផងដែរ។ ទស្សនវិជ្ជាជុងយុង បានបង្ហាញពីបញ្ញាញាណ ក្នុងការដោះស្រាយបញ្ហាខាងផ្នែកទ្រឹស្ដី និងការអនុវត្ត។ យោងតាមស្នាដៃលុនយីនិងមឹងជឺ ផ្ដត់គំនិតជុងយុងរបស់ ខុង ជឺ មានខ្លឹមសារដ៏សំខាន់ ដូចជា《ការគោរពតាមភាពមិនលម្អៀងនិងដើរតាមផ្លូវត្រូវ》《ការគោរពតាមមជ្ឈិមប្បដិបទា》《ការរៀនឲ្យចេះកែសម្រួលស្របតាមកាលៈទេសៈ》។ល។

យោងតាមស្នាដៃឈ្មោះ មាតិកានៃលីជី លោក ជឹង សៀន ដែលរស់នៅក្នុងរជ្ជកាលទុងហាន ពេលគាត់និយាយដល់ស្នាដៃជុងយុង(中庸) គាត់ពោលគេ ហៅឈ្មោះវាថា《ជុងយុង》 ក៏ព្រោះតែអ្វីដែលវារៀបរាប់ពន្យល់ គឺការអនុវត្តនិងមុខងារនៃអក្សរ《ជុងហឺ(中和=តុល្យភាព)》ហើយន័យនៃអក្សរ《យុង(庸=សាមញ្ញ)》 នៅទីនេះមានន័យថា《យុង(用=ការប្រើប្រាស់)》។

ក្នុងសេចក្តីផ្តើមរបស់ស្នាដៃជុងយុងចាំងជូ លោក ជូ ស៊ី បានពន្យល់ថា៖《អក្សរជុង មានន័យថាមិនលម្អៀង គ្មានភាពហួសហេតុ និងគ្មានភាពធ្វើទៅមិនដល់ អក្សរយុង មានន័យថាធម្មតា។》 លោក ឈឹង យី បាននិយាយថា៖《មិនលម្អៀងហៅថាជុង មិនកែសម្រួលហៅថាយុង ជុងនិងយុងគឺជាគោលការណ៍ដែលនាំឲ្យអ្វីៗទាំងអស់ក្នុងលោកមានដំណើរការយ៉ាងត្រឹមត្រូវ។》

យោងតាមសេចក្តីនេះ ជុងយុង ដែលលើកឡើងដោយលទ្ធិខុងជឺនិងមឹងជឺ គឺជាការគោរពនិងធ្វើតាមមជ្ឈិមប្បដិបទា ដោយព្យាយាមធ្វើតាមគោលការណ៍មិនឲ្យល្អៀង ប្រព្រឹត្តនៅក្នុងសភាពមួយដែលសមល្មម មិនធ្វើឲ្យហួសហេតុ គឺពុំមាន《ភាពទៅហួស》តែក៏ពុំមាន《ភាពទៅមិនដល់》ដែរ។ ពេលដោះស្រាយបញ្ហាទំនាស់នានា គេត្រូវចេះជ្រើសរើសដំណោះស្រាយតាមស្ថានភាពជាក់ស្តែង ចេះសម្រុះសម្រួល ចេះស្វែងរកយុត្តិធម៌ តុល្យភាព ព្រមទាំងស្ថិរភាពនិងភាពត្រឹមត្រូវ។ ក្រៅពីនេះ គេត្រូវធ្វើតាមកាលៈទេសៈថែមទៀត គឺត្រូវចេះប្រែប្រួលទៅតាមពេលវេលា។

អក្សរជុង(中)ដែលលើកឡើងក្នុងទស្សនវិជ្ជាជុងយុង ក៏រួមមានន័យរបស់អក្សរហឺ(和)ផងដែរ។ក្នុងការបណ្តុះបណ្តាលក្នុងលទ្ធិខុងជឺមាន《ការសម្របសម្រួលឲ្យមានភាពសុខដុម តែមិនមែនជាការបង្ខំឲ្យមានស្របគ្នាឡើយទេ》ហើយក៏មាន《ភាពត្រូវគ្នារវាងមូលភាគយីន(阴=ធាតុញី) និងមូលភាគយ៉ាង(阳=ធាតុឈ្មោល)នាំឲ្យមានភាវៈទាំងឡាយកើតឡើងបាន តែបើបង្ខំឲ្យភាវៈទាំងឡាយនោះដូចគ្នា គឺភាវៈនោះមិនអាចកើត》។ ពោលគឺ យកភាពខុសគ្នាជាសំខាន់ គោរពមតិខុសគ្នារបស់អ្នកដទៃ យកភាពសម្រុះសម្រួល និងការគោរពតាមមជ្ឈិមប្បដិបទាជាសំខាន់។

ទស្សនវិជ្ជាជុងយុងគឺជាជំនឿនិងការស្វែងរកមុតមាំនៃលទ្ធិខុងជឺ។ នៅក្នុងលទ្ធិខុងជឺ គេចាត់ទុកទស្សនវិជ្ជាជុងយុង ជាបទដ្ឋានខ្ពស់បំផុតនៃ《ការអប់រំខ្លួន》ហើយក៏ជាគោលការណ៍ត្រឹមត្រូវនៃ《ការដឹកនាំនគរឲ្យមានសន្តិភាពក្នុងប្រទេស》ដែរ។

លោក ជូ ស៊ី បានចែកស្នាដៃជុងយុងជា ៣៣ ជំពូក ហើយពណ៌នាដោយសង្កត់ធ្ងន់ទៅលើចំណុចសំខាន់ៗ នៅក្នុងខ្លឹមសារនៃអត្ថបទទាំងមូល។យោងតាមការបង្ហាញរបស់អត្ថបទទាំងមូល គេអាចចែកជាបីផ្នែក។ ផ្នែកទី ១ គឺពីជំពូកទី ១ ដល់ជំពូកទី ១១ ដែលអធិប្បាយដោយសង្កត់ធ្ងន់លើទស្សនវិជ្ជាជុងយុង ហើយបញ្ជាក់ថា ការគោរពតាមភាពមិនលម្អៀងនិងការដើរតាមផ្លូវត្រឹមត្រូវគឺជាការពិតនៃអ្វីៗទាំងអស់នៅក្នុងលោក ការគោរពតាមមជ្ឈិមប្បដិបទាគឺជាគោលការណ៍ទូទៅនៃអ្វីៗទាំងអស់ក្នុងលោក ម្យ៉ាងវិញទៀត ធម្មជាតិនិងសង្គមនាំឲ្យមានភាវៈទាំងឡាយកើតឡើង រវាងភពផែនដីនិងមេឃ ពេលទៅដល់កម្រិតតុល្យភាព ទើបធម្មជាតិនិងសង្គម អាចបំពេញតួនាទីរបស់ពួកវា ហើយអាចនាំឲ្យមានភាវៈទាំងឡាយកើតឡើងបានក្នុងលោកនេះ ទស្សនវិជ្ជាជុងយុង មានទំនាក់ទំនងជាមួយមនុស្សក្នុងលោកនេះយ៉ាងជិតស្និទ្ធ ហើយមិនអាចផ្ដាច់ទំនាក់ទំនងពីលោកនេះបានទេ។ ផ្នែកទី ២ គឺពីជំពូកទី ១២ ដល់ជំពូកទី ២០ ដែលបានអធិប្បាយដោយសង្កត់ធ្ងន់ទៅលើគោលការណ៍ដែលបញ្ជាក់ថា 《ទស្សនវិជ្ជាជុងយុងមានទំនាក់ទំនងជាមួយមនុស្សក្នុងលោកនេះយ៉ាងជិតស្និទ្ធ ហើយវាមិនអាចផ្ដាច់នូវទំនាក់ទំនងពីលោកនេះបានទេ》 ការអនុវត្តទស្សន វិជ្ជាជុងយុងមានវិសាលភាពធំធេង ព្រមទាំងមានភាពលម្អិតទៀតផង។ ផ្នែក ទី ៣ គឺពីជំពូកទី ២១ ដល់ជំពូកទី ៣៣ ដែលអធិប្បាយដោយសង្កត់ធ្ងន់លើសុចរិតភាព ហើយបានបញ្ជាក់ថា សុចរិតភាពគឺជាគោលការណ៍នៅក្នុងលោក និងគោលការណ៍របស់មនុស្ស ស្នាដៃជុងយុងអធិប្បាយអំពីសុចរិតភាព ពោលមួយបែបទៀតថា អធិប្បាយអំពីជំនឿនិងការស្វែងរករបស់មនុស្ស ពោលគឺ ការជឿទស្សនវិជ្ជានៃជុងយុង។

លោក ជូ ស៊ី បាននិយាយថា៖《ជំពូកនេះ គឺជាជំពូកមួយដែលអធិប្បាយ

អំពីវិចារណញ្ញាណនិងចិត្តសាស្ត្ររបស់មនុស្សក្នុងលទ្ធិខុងជឺ ដោយសារការរំកិលមុខនៃពេលវេលា ជឺ ស៊ី កត់ត្រាជំពូកនេះឲ្យបានច្បាស់លាស់ ដើម្បីកុំឲ្យ បាត់បង់ភាពដើមរបស់វា ក្រោយមក សិស្សរបស់គាត់បានបង្រៀនទៅឲ្យ មឹង ជឺ បន្តទៀត។»

យោងតាមស្នាដៃ កំណត់ត្រារបស់ស្នាដៃប្រវត្តស៊ីជី-ត្រកូលខុងជឺ ជឺ ស៊ី មានឈ្មោះថាខុងជី(៤៨៣ ៤០២មុន គ.ស.) ជឺ ស៊ី ជាកូនប្រុសរបស់ ខុងលីនិងក៏ជាកូនចៅរបស់ ខុង ជឺ ហើយបានគាត់និពន្ធស្នាដៃជុងយុង។ យោងតាមស្នាដៃប្រវត្តស៊ីជី-ជីវប្រវត្តមឹងជឺនិងស៊ុនឈីង បានកត់ត្រាថា មឹង ជឺ បានរៀនពី ជឺ ស៊ី។ យោងតាមស្នាដៃប្រវត្តិរជ្ជកាលហាន- យីវិនជី វាបានបាត់បង់តាំងពីយូរណាស់មកហើយ បច្ចុប្បន្ននេះ នៅសល់តែស្នាដៃឈ្មោះ ជុងយុង ស្នាដៃពៀវជី និងស្នាដៃហ្វាងជី ស្នាដៃទាំងបីនេះសុទ្ធតែត្រូវគេប្រមូលចងក្រងទៅក្នុងស្នាដៃឈ្មោះ លីជី។ នៅក្នុងស្នាដៃឈ្មោះជុងយុងនេះសោត មានរបៀប ប្រើពាក្យខ្លះ ដូចជា នៅត្រង់ជំពូកទី ២៨ មានសេចក្តីដូច្នេះថា ប្រទេសសព្វថ្ងៃនេះ《ប្រើខ្នាតរបស់កង់រទេះតែមួយ សៀវភៅប្រើអក្សរសម្រាប់សរសេរតែមួយ ប្រព្រឹត្តតាមសីលធម៌និងគោលការណ៍តែមួយ》ជាដើម ដែលនេះអាចបញ្ជាក់ យ៉ាងច្បាស់ថា មានពាក្យសំដីខ្លះត្រូវបានបញ្ចូលនៅក្នុងរជ្ជកាលឈីននិងហានបន្ថែម។

លោក ជូ ស៊ី ឲ្យតម្លៃទៅលើស្នាដៃជុងយុងហើយថា៖《សៀវភៅនេះនិយាយអំពីទស្សនៈជុងយុង នៅក្នុងសេចក្តីផ្តើម ហើយពង្រីកសេចក្តីដែលពាក់ពាន់នឹងអ្វីៗទាំងអស់នៅក្នុងតួសេចក្តី ជាចុងក្រោយ គេបានសង្ខេបទៅលើទស្សនវិជ្ជាជុងយុង នៅក្នុងសេចក្តីបញ្ចប់ សៀវភៅនេះ បានប្រមូលអ្វីៗទាំងអស់ពីគ្រប់ទិសទីក្នុងលោក យើងក៏អាចរក្សាទុកក្នុងបន្ទប់សំងាត់បានដែរ ព្រោះខ្លឹមសាររបស់វារៀបរាប់មិនចេះអស់ វាសុទ្ធតែជាចំណេះដឹងពិតប្រាកដទាំងអស់។ មនុស្សដែលរៀនយ៉ាងយកចិត្តទុកដាក់ ច្បាស់ជានឹងដឹងថា ផលប្រយោជន៍ដ៏ធំធេង សម្រាប់មនុស្សដែលអនុវត្តទស្សនវិជ្ជាជុងយុងនេះ មុខជានឹងទទួលបានដោយមិនចេះអស់ឡើយ។»

សៀវភៅនេះ បានដកស្រង់ ១០០ ប្រយោគចេញពីស្មាដៃតាសៀនិងស្នាដៃជុងយុងមកពន្យល់ និងបកប្រែ ហើយខ្លឹមសារនៃអត្ថបទដើមសុទ្ធតែត្រូវដកស្រង់ចេញពី《ការកត់សម្គាល់នៃសៀវភៅទាំងបួនក្បាល》របស់លោកជូ ស៊ី ចំណងជើងនីមួយៗសុទ្ធតែត្រូវបន្ថែមដោយអ្នករៀបចំរបស់សៀវភៅនេះ។ អ្នកន្យល់ភាសាចិន ដែលពន្យល់ភាសាចិនបុរាណទៅជាភាសាចិនធម្មតា បានពន្យល់ឲ្យកាន់តែងាយស្រួលយល់ ហើយខិតខំបង្ហាញលក្ខណៈដើមនិងសារៈសំខាន់នៃគំនិតស្នាដៃតាសៀ និងស្នាដៃជុងយុង ឲ្យបានពេញលេញសម្រាប់ អ្នកអាន។ យើងសង្ឃឹមថា ទស្សនៈនិងសារៈសំខាន់របស់ស្នាដៃតាសៀ និងស្នាដៃជុងយុង អាចផ្តល់ផលប្រយោជន៍ដ៏ល្អប្រសើរទៅដល់ប្រជាជននិងកូនចៅ។

目　录

大学选译

មាតិកា

ការបកប្រែខ្លះពីស្នាដៃតាសៀ

中庸选译

ការបកប្រែខ្លះពីស្នាដៃជុងយុង

大學選譯

ការបកប្រែខ្លះៗពីស្នាដៃតាសៀ

大学“三纲领”

គោលការណ៍៣នៃតាសៀ

1. 大学“三纲领”

【原文】

大学之道，在明明德，在亲民，在止于至善。

《大学·经》

【释文】

大学的宗旨在于使学者彰显光明的德性，在于使学者弃旧图新，在于使学者努力追求并最终达到最完善的道德境界。

【解析】

大学的宗旨这三句话，被称作大学的“三纲领”，其实质是为了使学者完善人格，“精神成人”。与功利性的“专业成才”相比，培养健全人格的“精神成人”更为重要。

១.គោលការណ៍៣នៃតាសៀ។

【សេចក្ដីអធិប្បាយ】

គោលបំណងសំខាន់នៃតាសៀ គឺស្ថិតនៅត្រង់ការធ្វើឲ្យអ្នកសិក្សាស្គាល់ច្បាស់អំពីគុណធម៌ នៅត្រង់ការធ្វើឲ្យអ្នកសិក្សាចេះបោះបង់ចោលនូវអ្វីដែលចាស់គំរិលពុំជា ហើយប្រកាន់យកនូវអ្វីដែលថ្មីល្អប្រសើរ នៅត្រង់ការធ្វើឱ្យអ្នកសិក្សាខិតខំព្យាយាមស្វែងរកដើម្បីយកឲ្យបាន ហើយទីបំផុត ក៏អាចទៅដល់ដែននៃក្រមសីលធម៌មួយដែលល្អឥតខ្ចោះ។

(តាសៀ•គម្ពីរ)

【ការពន្យល់】

ប្រយោគទាំងបីនេះគឺជាគោលបំណងនៃតាសៀ ហើយក៏ត្រូវចាត់ទុកជាគោលការណ៍៣នៃតាសៀផងដែរ ការពិតគឺបណ្ដុះបណ្ដាលអ្នកសិក្សាឲ្យមានបុគ្គលិកលក្ខណៈដ៏ល្អល្អះ។ ការបណ្ដុះបណ្ដាលនូវបុគ្គលិកលក្ខណៈឲ្យល្អឥតខ្ចោះគឺសំខាន់ជាង បើប្រៀបធៀបទៅនឹងការបណ្ដុះបណ្ដាលមនុស្សឲ្យស្វែងរកតែផលប្រយោជន៍ផ្ទាល់ខ្លួនប្រកបដោយភាពឆាប់រហ័ស។

2. 知止而后有定

【原文】

知止而后有定，定而后能静，静而后能安，安而后能虑，虑而后能得。

《大学·经》

【释文】

知道应达到的道德境界然后才能有坚定的志向，志向坚定然后才能镇静不躁，镇静不躁然后才能内心安宁，内心安宁然后才能思虑周详，思虑周详然后才能有所收获。

【解析】

在大学求学，首先当“知其所止”，即明确自己应当努力追求并最终达到怎样的道德境界。有了明确的目标，才会有坚定的志向，坚强的决心，坚毅的意志，坚固的定力，学习才会有收获，有成就。

2.ទាល់តែដឹងថា យើងដល់កម្រិតសីលធម៌ត្រឹមណា ទើប យើងមានឧត្ដមគតិនិងសេចក្ដីប្ដេជ្ញាចិត្តកម្រិតនោះ

【សេចក្ដីអធិប្បាយ】

លុះត្រាតែដឹងថា យើងដល់កម្រិតនៃក្រមសីលធម៌ត្រឹមណា ទើបយើងមានឧត្ដមគតិ និងសេចក្ដីប្ដេជ្ញាចិត្តកម្រិតនោះ លុះត្រាតែយើងមានឧត្ដមគតិនិងសេចក្ដីប្ដេជ្ញាចិត្តដ៏រឹងប៉ឹង ទើបយើងអាចរំងាប់អារម្មណ៍បាន លុះត្រាតែយើងរំងាប់អារម្មណ៍បាន ទើបយើងមានអំណត់អត់ធ្មត់ លុះត្រាតែយើងមានអំណត់អត់ធ្មត់ ទើបយើងចេះពិចារណារិះរកឲ្យដិតដល់ លុះត្រាតែយើងចេះពិចារណារិះរកឲ្យដិតដល់ ទើបយើងនឹងអាចទទួលបានផលប្រយោជន៍។

(តាសៀ•គម្ពីរ)

【ការពន្យល់】

ការរៀនសូត្រនៅសកលវិទ្យាល័យ មុនដំបូង យើងកំណត់យ៉ាងច្បាស់លាស់ អំពីទិសដៅចាប់ពីកន្លែងណា រួចព្យាយាមស្វែងរកនិងប្ដេជ្ញាចិត្តដល់កម្រិតនៃក្រមសីលធម៌ត្រឹមណា។ លុះត្រាតែ យើងមានការកំណត់ដ៏ច្បាស់លាស់អំពីទិសដៅ ទើបយើងមានឧត្ដមគតិដ៏រឹងប៉ឹង សេចក្ដីសម្រេចចិត្តដ៏ម៉ឺងម៉ាត់ ឆន្ទៈដ៏មោះមុត អំណត់អត់ធ្មត់ នោះយើងនឹងអាចទទួលបានលទ្ធផលនិងជោគជ័យនៅក្នុងការរៀនសូត្រ។

物有本末，事有终始

អ្វីៗគ្រប់យ៉ាងសុទ្ធតែមានភាពដើមនិងភាពចុង

រឿងនីមួយៗសុទ្ធតែមានសេចក្ដីផ្ដើមនិងសេចក្ដីបញ្ចប់

3. 物有本末，事有终始

【原文】

物有本末，事有终始。知所先后，则近道矣。

《大学·经》

【释文】

每种事物都有本有末，每件事情都有始有终。明白了这本末终始（孰重孰轻，孰先孰后）的道理（知道做事情的轻重缓急），就大体把握住大学的宗旨了。

【解析】

做事要分清轻重缓急。在大学学习，最根本的任务就是“精神成人”。学者应以“精神成人”引领“专业成才”。

3. អ្វីៗគ្រប់យ៉ាងសុទ្ធតែមានភាពដើមនិងភាពចុង រឿងនីមួយៗសុទ្ធតែមានសេចក្តីផ្តើមនិងសេចក្តីបញ្ចប់

【សេចក្តីអធិប្បាយ】

អ្វីៗគ្រប់យ៉ាងសុទ្ធតែមានភាពដើមនិងភាពចុង រឿងនីមួយៗសុទ្ធតែមានសេចក្តីផ្តើមនិងសេចក្តីបញ្ចប់។ ប្រសិនបើ យើងយល់មូលហេតុចំពោះអ្វីធ្ងន់អ្វីស្រាល អ្វីមុនអ្វីក្រោយ ទើបយើងដឹងពីការធ្វើការតាមភាពស្រាល ភាពធ្ងន់ ភាពមិនបន្ទាន់ និងភាពបន្ទាន់របស់ការងារនោះ ដូចនេះហើយ យើងនឹងបានយល់ពីគោលបំណងនៃតាសៀ។

(តាសៀ•គម្ពីរ)

【ការពន្យល់】

កាលណាយើងធ្វើការ យើងត្រូវធ្វើតាមភាពស្រាល ភាពធ្ងន់ ភាពមិនបន្ទាន់និងភាពបន្ទាន់របស់ការងារនោះ។ ទិសដៅដ៏សំខាន់បំផុតក្នុងការរៀនសូត្រនៅសកលវិទ្យាល័យ គឺការបណ្តុះបណ្តាលបុគ្គលិកលក្ខណៈឲ្យល្អល្អះ។ អ្នកសិក្សាត្រូវយកការបណ្តុះបណ្តាលបុគ្គលិកលក្ខណៈឲ្យល្អល្អះមកជំរុញក្នុងការបណ្តុះបណ្តាលធនធានមនុស្ស។

4. 大学“八条目”

【原文】

格物—致知—诚意—正心—修身—齐家—治国—平天下。

《大学·经》

【释文】

接触和研究万事万物——从学习和研究中广泛地获取知识——使自己的意念真诚——使自己的心思端正——修养好自己的品性——整治好自己的家庭——治理好国家——治理天下使天下太平。

【解析】

这八句话是实现“三纲领”的“八条目”，是后人根据《大学》原文概括出来的。“八条目”的顺序是这样的：通过对万事万物的接触和研究之后才能获得知识；获得知识之后意念才能真诚；意念

4. សំណើរ៨នៃតាសៀ

【សេចក្ដីអធិប្បាយ】

ស្វែងយល់ពីបាតុភូតនានានិងភាវៈគ្រប់យ៉ាង ទទួលបានចំណេះដឹងយ៉ាងទូលំទូលាយពីការរៀនសូត្រនិងការស្រាវជ្រាវ ធ្វើឲ្យខ្លួនឯងមានសុចរិតភាព ធ្វើខ្លួនឲ្យក្លាយជាមនុស្សដ៏ត្រឹមត្រូវ អប់រំខ្លួន គ្រប់គ្រងគ្រួសារខ្លួន ដឹកនាំនគរឲ្យបានល្អ ធ្វើឲ្យប្រទេសមានសន្តិភាព។

(តាសៀ•គម្ពីរ)

【ការពន្យល់】

《សំណើរ ៨》 ក្នុង 《គោលការណ៍ ៣》នេះ គឺជាសេចក្ដីស្នើដែលជនជំនាន់ក្រោយសង្ខេបយកតាមអត្ថបទដើមរបស់ស្នាដៃតាសៀ។ លំដាប់នៃសំណើរទាំង ៨ នេះគឺ៖ ទាល់តែស្វែងយល់បាតុភូតនានានិងភាវៈគ្រប់យ៉ាងទើបយើងនឹងទទួលបានចំណេះដឹងយ៉ាងទូលំទូលាយ ពីការរៀនសូត្រនិងការស្រាវជ្រាវ ទាល់តែទទួលបានចំណេះដឹង ទើបអាចធ្វើឲ្យខ្លួនឯងមានសុចរិតភាព ទាល់តែធ្វើឲ្យខ្លួនឯងមានសុចរិតភាព ទើបអាចធ្វើខ្លួនឲ្យក្លាយជាមនុស្សត្រឹមត្រូវ ទាល់តែធ្វើខ្លួនឲ្យក្លាយជាមនុស្សត្រឹមត្រូវ ទើបអាចអប់រំខ្លួនបន្ទាប់មកគ្រប់គ្រងគ្រួសារខ្លួន ដឹកនាំនគរឲ្យបានល្អ និងធ្វើឲ្យប្រទេសមានសន្តិភាព។ គោលការណ៍៣និងសំណើរទាំង ៨ នេះ បានបង្កើតឡើងជាប្រព័ន្ធដ៏ពេញលេញមួយនៃផ្នត់គំនិត រាប់សតវត្សរ៍និងរាប់ទសវត្សរ៍កន្លងមកនេះ បញ្ញវ័ន្តជាច្រើន រួមទាំងសាមញ្ញជន ស្វែងរកផ្នត់គំនិតដោយឥតងាករេ ផ្នត់គំនិតទាំង

真诚之后心思才能端正；心思端正之后才能修养好自己的品性；自己的品性修养好之后才能整治好自己的家庭；整治好自己的家庭之后才能治理好国家；治理好国家之后才能去治理天下使天下太平。三纲领，八条目，构成了一个完整的的思想体系，千百年来，一直是许多人，许多知识分子，甚至许多平民百姓的执着追求，是他们的人生观、价值观的重要内容，是他们崇高的精神信仰。在“三纲领”、“八条目”熏陶之下，许多读书人都具有强烈的历史使命感和高度的社会责任感，认为“天下兴亡，匹夫有责”（天下国家的兴亡，每个人都有责任），将“以天下为己任”（使天下国家太平是自己的责任和使命）作为自己的人生信条。

នោះ គឺជាទស្សនៈចំពោះជីវិត និងទស្សនៈចំពោះតម្លៃដ៏សំខាន់ៗរបស់ពួកគេ ហើយក៏ជាជំនឿដ៏ខ្ពង់ខ្ពស់មួយផងដែរ។ ក្រោមឥទ្ធិពលរបស់គោលការណ៍៣ និងសណើរ៨នេះ បញ្ញវ័ន្តជាច្រើនមានកាតព្វកិច្ចយ៉ាងខ្លាំងចំពោះប្រវត្តិ និងមានភារកិច្ចយ៉ាងខ្ពង់ខ្ពស់ចំពោះសង្គម ហើយយល់ថា《ទោះជាប្រទេសយើងរីកចំរើនក្តី ប្រទេសយើងសាបសូន្យក្តី យើងម្នាក់ៗសុទ្ធតែមានភារកិច្ចដើរតាមតួនាទីរបស់ខ្លួនឯង》 ពួកគេចាត់ទុកថា《កាតព្វកិច្ចដែលធ្វើឲ្យប្រទេសយើងមានសន្តិភាពនិងសន្តិសុខ ជាកាតព្វកិច្ចរបស់ខ្លួន》 ហើយយកជំនឿនេះទុកជាជំនឿសម្រាប់ជីវិតរបស់ខ្លួនផងដែរ។

修身为本

ការយកសំណើរ《អប់រំខ្លួន》ជាប្រភពនៃដើមហេតុ

5. 修身为本

【原文】

自天子以至于庶人，壹是皆以修身为本。

《大学·经》

【释文】

上自天子，下至平民百姓，人人都要以修养自身品性为根本。

【解析】

在“八条目”中，“修身”为本，“修身”是最主要的条目，就好像一棵树，“修身”是它的根。“格物”，“致知”，“诚意”，“正心”，都是为了“修身”，是“培本”的功夫，好像水分和肥料，都是为了使根正苗壮。而“修身”，则是为今后成人成才茁壮成长奠定基础。因为只有在“修身”这个根基之上，才能进一步“齐家”（好像在根基上长成了粗壮的树干），才能进一步“治国”，“平天下”（好像大树长满了枝叶，绽开了鲜花），从而实现自己的理想与抱负。在大学求学，“修身”是根本，切不可本末倒置，更不可舍本逐末。

5. ការយកសំណើរ《អប់រំខ្លួន》ជាប្រភពនៃដើមហេតុ

【សេចក្តីអធិប្បាយ】

ចាប់ពីអធិរាជរហូតដល់សាមញ្ញជន យើងម្នាក់ៗសុទ្ធតែចាត់ទុក សំណើរ《អប់រំខ្លួន》ជាប្រភពនៃដើមហេតុ។

(តាសៀ•គម្ពីរ)

【ការពន្យល់】

ក្នុងចំណោមសំណើរ៨នេះ សំណើរ《អប់រំខ្លួន》សំខាន់ជាងគេ វាជាគ្រឹះរបស់សំណើរទាំង៨ ហើយក៏ប្រៀបដូចឫសរបស់ដើមឈើផងដែរ។《ការស្វែងយល់ពីធាតុភូតនានិងភាវៈគ្រប់យ៉ាង》《ការទទួលបានចំណេះដឹងយ៉ាងទូលំទូលាយពីការរៀនសូត្រនិងការស្រាវជ្រាវ》《ការធ្វើឲ្យខ្លួនឯងមានសុចរិតភាព》《ការធ្វើឲ្យខ្លួនក្លាយទៅជាមនុស្សម្នាក់ត្រឹមត្រូវ》ជាគ្រឹះរបស់សំណើរ《អប់រំខ្លួន》សំណើរទាំងបួននោះ ប្រៀបដូចទឹកនិងជី អាចធ្វើឲ្យដើមឈើនេះរីកលូតលាស់។ ម្យ៉ាងទៀត សំណើរ《អប់រំខ្លួន》ជាមូលដ្ឋានរបស់សំណើរ៣ចុងក្រោយ ពោលគឺសំណើរ《អប់រំខ្លួន》ជំរុញសំណើរទាំង៣នេះ គឺ《គ្រប់គ្រងគ្រួសារខ្លួន》《ដឹកនាំនគរឲ្យបានល្អ》និង《ធ្វើឲ្យប្រទេសមានសន្តិភាព》ឲ្យរីកចម្រើន ចុងក្រោយទើបយើងអាចសម្រេចឧត្តមគតិរបស់ខ្លួនបាន។ ក្នុងការសិក្សានៅសកលវិទ្យាល័យ សំណើរ《អប់រំខ្លួន》គឺជាសំណើរគន្លឹះសំខាន់ដែលយើងមិនគួរធ្វើតាមរបៀបនេះទេ ពោលគឺទីមនង្គ័លពីមុខគោ ហើយមិនអាចយល់ច្រឡំចំពោះភាពសំខាន់និងភាពមិនសំខាន់ដែរ។

6. 明明德

【原文】

《康诰》曰："克明德。"《大甲》曰："顾諟天之明命。"《帝典》曰："克明峻德。"皆自明也。

《大学·传首章》

【释文】

《尚书·周书·康诰》说："能够彰显光明的德性。"《尚书·商书·太甲》说："要重视这上天赋予的光明禀性。"《尚书·虞夏书·尧典》说："能够彰显崇高的德性。"这些都是说要自己彰显光明而崇高的德性。

【解析】

"三纲领"的第一条就是"明明德"（彰显光明的德性）。周初执政者很重视"德"。王国维说："中国政治与文化变革，莫剧于殷周之际。"（《殷周制度论》）殷与周，在政治思想观念上有很大不同，简言之，殷商"尊天事鬼"，而周则"敬德保民"。周初

៦. ការបង្ហាញយ៉ាងជាក់លាក់លើគុណធម៌ដ៏ខ្ពង់ខ្ពស់ដែលមានតាំងពីកំណើត

【សេចក្តីអធិប្បាយ】

ក្នុងស្នាដៃសាំងស៊ូ•ចូវស៊ូ•ខាងកៅ បានពន្យល់ថា《វាបង្ហាញយ៉ាងជាក់លាក់លើគុណធម៌ដ៏ល្អប្រសើរដែលមានតាំងពីកំណើត》 ក្នុងស្នាដៃសាំងស៊ូ•សាងស៊ូ•ថៃចា បានពន្យល់ថា 《យើងត្រូវយកចិត្តទុកដាក់លើគុណធម៌ដ៏ល្អប្រសើរតាំងពីកំណើតរបស់យើង》 ក្នុងស្នាដៃសាំងស៊ូ•យូសៀស៊ូ•យ៉ោទៀន បានពន្យល់ថា《បង្ហាញយ៉ាងជាក់លាក់លើគុណធម៌ដ៏ខ្ពង់ខ្ពស់ដែលមានតាំងពីណើត》។ ប្រយោគទាំងនេះសុទ្ធតែនិយាយអំពី ការបង្ហាញយ៉ាងជាក់លាក់លើគុណធម៌ដ៏ខ្ពង់ខ្ពស់ដែលមានតាំងពីកំណើត។

(តាសៀ•ជំពូកទី១)

【ការពន្យល់】

គោលការណ៍ទី១នៃ《គោលការណ៍៣》 គឺ ការបង្ហាញយ៉ាងជាក់លាក់លើគុណធម៌ដ៏ល្អប្រសើរដែលមានតាំងពីណើត។ នៅដើមរជ្ជកាលចូវ អធិរាជយកចិត្តទុកដាក់ទៅលើគុណធម៌។ លោក វ៉ាង កួវី ធ្លាប់និយាយថា៖ យោងតាមស្នាដៃបែបសង្គមនៅរជ្ជកាលយីននិងចូវ កំណែទម្រង់របស់នយោបាយនិងវប្បធម៌ក្នុងប្រទេសចិនដូចកំណែទម្រង់ក្នុងរជ្ជកាលយីននិងចូវ។ រជ្ជកាលយីននិងចូវខុសប្លែកគ្នាលើទស្សនៈនៃនយោបាយ និយាយរួមទៅ គឺប្រជាជនដែលរស់នៅរជ្ជកាលយីនគោរពលើទេវតានិងខ្មោច រីឯប្រជាជនដែលរស់នៅរជ្ជកាលចូវគោរពលើគុណធម៌។ នៅដើមរជ្ជកាលចូវ អធិរាជយល់ថារជ្ជកាលចូវបានបង្កើតប្រទេស និងគ្រប់គ្រងប្រទេសឲ្យបានល្អ សំខាន់គឺលើកតំកើង

的执政者认为，周王朝是靠“德”取得天下，也应靠“德”保有天下。“皆自明也”强调的是个体的主观精神，指明了要获得光明美好的道德，主要得依靠自己的努力。

និងអនុវត្តគុណធម៌។ មធ្យោបាយនេះសង្កត់ធ្ងន់លើស្មារតីអត្តនោម័តិ មានន័យថា ប្រសិនបើយើងចង់បានគុណធម៌ដ៏ល្អប្រសើរ យើងគួរតែខិតខំប្រឹងប្រែងដោយខ្លួនឯង។

日新又新

រាល់ថ្ងៃយើងគួរតែទទួលយកភាពថ្មីនិងលះបង់ភាពចាស់បន្តិចម្តងៗ

7. 日新又新

【原文】

苟日新，日日新，又日新。

《大学·传二章》

【释文】

如果能够一天更新，就应天天更新，更新了还要再更新。

【解析】

这是汤之《盘铭》上的三句话。汤是殷商王朝开国之君，这三句话说明当一个王朝刚建立的时候，执政者总是力图除旧更新的。今天在大学求学的人，也应以此为座右铭，努力地不断地革故鼎新，弃旧图新，革除旧我，获得新生。

7. រាល់ថ្ងៃ យើងគួរតែទទួលយកភាពថ្មី និងលះបង់ភាពចាស់បន្តិចម្តងៗ

【សេចក្តីអធិប្បាយ】

រាល់ថ្ងៃ យើងគួរតែទទួលយកភាពថ្មីនិងលះបង់ភាពចាស់បន្តិចម្តងៗ។

(តាសៀ•ជំពូកទី២)

【ការពន្យល់】

ប្រយោគទាំងបីនេះគឺជាពាក្យសំដី ក្នុងស្នាដៃផានមីងរបស់លោក ថាំងជី។ លោកថាំងគឺជាអធិរាជដែលបង្កើតនគរនៅរជ្ជកាលយីនសាំង ប្រយោគទាំងបីនេះបានបញ្ជាក់ថា កាលណាបង្កើតនគរ អធិរាជតែងតែជួយកែទម្រង់សារជាថ្មីនិងលះបង់នូវភាពចាស់ចោលជានិច្ច។ សព្វថ្ងៃនេះ បុគ្គលណាដែលរៀននៅសកលវិទ្យាល័យ គួរតែយកប្រយោគទាំងនេះជាបាវចនា ហើយគួរតែទទួលយកភាពថ្មីនិងលះបង់ភាពចាស់បន្តិចម្តងៗ។

8. 其命维新

【原文】

周虽旧邦，其命维新。

《大学·传二章》

【释文】

周王朝虽然是旧的邦国，但却禀受了新的天命。

【解析】

“三纲领”的第二条就是“亲民”（使人弃旧图新）。武王革命，推翻了商纣王，建立了周王朝。新王朝力图除旧更新：个人有新的道德，社会有新的风气，政治有新的举措，国家有新的面貌，整个社会欣欣向荣。

៨. ការទទួលយកកាតព្វកិច្ចថ្មីខាងជតានិយមពីទេវតា

【សេចក្តីអធិប្បាយ】

ទោះបីជារដ្ឋកាលចូវគឺជានគរចាស់យ៉ាងណាក៏ដោយ ក៏ប៉ុន្តែរាជវង្សចូវទទួលយកកាតព្វកិច្ចថ្មីខាងជតានិយមពីទេវតា។

(តាសៀ•ជំពូកទី២)

【ការពន្យល់】

គោលការណ៍ទី២នៃ《គោលការណ៍៣》គឺ《ទទួលយកភាពថ្មីនិងលះបង់ភាពចាស់》អធិរាជអ៊ូបានបដិវត្ត ហើយលុបបំបាត់ចោលរាជវង្សសាំងចូវរួចបង្កើតឡើងនូវរាជវង្សចូវ។ រាជវង្សចូវថ្មីនេះខិតខំទទួលយកភាពថ្មី និងលះបង់ភាពចាស់ ដូច្នេះហើយ សីលធម៌នៃបុគ្គលថ្មី សណ្តាប់ធ្នាប់នៃសង្គមថ្មី នយោបាយថ្មីទិដ្ឋភាពជាតិថ្មី សង្គមនេះប្រកបដោយភាពរុងរឿងនិងសេចក្តីរីកចម្រើន។

9. 知其所止

【原文】

于止，知其所止，可以人而不如鸟乎！

《大学·传三章》

【释文】

谈到居止，人就应当知道自己的归宿。连黄鸟都知道它该栖息在什么地方，难道人还可以不如一只鸟儿吗！

【解析】

“止”意为“居止”，是人们要到达并留居的地方。正如民有住房、鸟有归巢一样，作为毕生安身立命之所，每一个人也应当有精神上的追求，寻求最终的精神归宿。这种精神追求，其实就是信仰。“三纲领”的第三条明确提出，学者应“止于至善”，就是要将“至善”作为精神信仰并终身追求。

៩. មនុស្សម្នាក់ៗត្រូវតែដឹងពីកន្លែងស្នាក់នៅរបស់ខ្លួនឯង

【សេចក្តីអធិប្បាយ】

ចំពោះការស្ថិតនៅ មនុស្សម្នាក់ៗត្រូវតែដឹងពីទីកន្លែងរបស់ខ្លួន។ បក្សាបក្សីសុទ្ធតែដឹងថា វាត្រូវទំនៅកន្លែងណា ចំណែកមនុស្សវិញ តើមិនដឹងពីទីកន្លែងដែលខ្លួនកំពុងស្ថិតនៅយ៉ាងម៉េច? វាដូចជាមិនពិតនោះទេ។

(តាសៀ•ជំពូកទី៣)

【ការពន្យល់】

《ការស្នាក់នៅជាបណ្តោះអាសន្ន》 មានន័យថា មនុស្សម្នាក់ៗត្រូវតែស្នាក់នៅនិងរស់នៅអស់មួយរយៈពេលក្នុងមួយកន្លែង ដូចជា ប្រជាជនត្រូវតែមានផ្ទះ សម្រាប់ស្នាក់នៅនិងរស់នៅ ហើយបក្សាបក្សីត្រូវតែមានសម្បុកសម្រាប់ទំហើយមនុស្សម្នាក់ៗគួរតែមានជំនឿនិងស្វែងរកទីជម្រកខាងជំនឿ។ គោលការណ៍ទី ៣ នៃ 《គោលការណ៍៣》 បានចង្អុលយ៉ាងជាក់ស្តែងថា អ្នកសិក្សាគួរតែចាត់ទុកការព្យាយាមស្វះស្វែងរក ដើម្បីយកឲ្យបាននូវភាពល្អល្អះជាជំនឿអស់មួយជីវិត។

止于至善

ការទៅដល់ដែននៃក្រមសីលធម៌មួយដ៏ល្អឥតខ្ចោះ

10. 止于至善

【原文】

为人君，止于仁；为人臣，止于敬；为人子，止于孝；为人父，止于慈；与国人交，止于信。

《大学·传三章》

【释文】

作为国君，要做到仁爱；作为臣子，要做到恭敬；作为子女，要做到孝顺；作为父亲，要做到慈爱；与国人交往，要做到诚信。

【解析】

“至善”就是“最好”，“极好”，指道德最崇高的境界。这里揭示了“至善”的具体内容，包括“仁”“敬”“孝”“慈”“信”。此外还包括执政者的政治伦理与道德操守：“贤贤”“亲亲”与“乐民”“利民”，等等。汉代以“仁”“义”“礼”“智”“信”为“五常”。今天，“五常”对于我们，也同布帛菽粟一样，是不可须臾离开的东西：仁——仁者爱人，仁的意思爱人，是要爱父母长辈，

10. ការទៅដល់ដែននៃក្រមសីលធម៌មួយដ៏ល្អឥតខ្ចោះ

【សេចក្តីអធិប្បាយ】

ចំពោះអធិរាជ ក៏គួរតែចេះមេត្តាធម៌ ចំពោះមន្ត្រី ក៏គួរតែចេះសេចក្តីគោរព ចំពោះកូន ក៏គួរតែចេះកតញ្ញូតាធម៌ ចំពោះឪពុក ក៏គួរតែចេះផ្តល់សេចក្តីស្រឡាញ់ ប្រជាជនទាក់ទងគ្នាទៅវិញទៅមក ក៏គួរតែមានសុចរិតភាព។

(តាសៀ•ជំពូកទី៣)

【ការពន្យល់】

អក្សរ《ជីសាន(至善)》មានន័យថា《ភាពល្អឥតខ្ចោះ》ហើយក៏មានន័យថា ដែននៃក្រមសីលធម៌ល្អឥតខ្ចោះដែរ ហើយខ្លឹមសារនៃ《ជីសាន》មាន៖《សេចក្តីគោរព》《កតញ្ញូតាធម៌》《សេចក្តីស្រឡាញ់》《សុចរិតធម៌》ព្រមទាំងមានការគ្រប់គ្រងនយោបាយនិងកិរិយាមារយាទរបស់អ្នកកាន់អំណាចទៀតផង ពោលគឺទាក់ទងគ្នាទៅវិញទៅមកដោយរបៀបទាំងនេះ ដូចជារបៀបស្មោះត្រង់ចំពោះមន្ត្រី របៀបជិតស្និទ្ធចំពោះញាតិមិត្ត របៀបធ្វើឲ្យប្រជាជនមានសេចក្តីសុខ របៀបគិតពីផលប្រយោជន៍របស់ប្រជាជនជាដើម។ នៅក្នុងរជ្ជកាលហាន គេចាត់ទុក《មេត្តាធម៌》《យុត្តិធម៌》《សុជីវធម៌》《បញ្ញាញាណ》《សុចរិតធម៌》ជា《សីលធម៌៥យ៉ាង》។ សព្វថ្ងៃនេះ《សីលធម៌៥យ៉ាង》ប្រៀបដូចជាសំពត់ សូត្រ សណ្តែក និងស្រាវមីយេ ដែលជារបស់របរប្រចាំថ្ងៃសម្រាប់មនុស្សម្នាក់ៗរស់នៅ។《មេត្តាធម៌មានន័យថា សេចក្តីស្រឡាញ់ ពោលគឺ ចេះស្រឡាញ់ឪពុកម្តាយ ចេះស្រឡាញ់បងប្អូន ហើយចេះស្រឡាញ់មិត្តភក្តិ អ្នកដទៃ ប្រជាពលរដ្ឋ ជាតិ ធម្មជាតិ និងចេះស្រឡាញ់លំនៅដ្ឋាន

爱兄弟姐妹，进而爱朋友，爱他人，爱民众，爱国家，爱大自然，爱我们人类赖以生存的家园。义——义者，宜也，义的意思是适宜、恰当，做事要恰当合理，讲道义，求真理，走正道，坚守公平正义。礼——礼即礼法制度，以及与之相适应的礼仪、礼俗、礼貌，在日常生活中，要讲文明，有礼貌，以礼待人，遵纪守法。智——智是智慧，重在明辨是非，分清善恶，从而决定取舍。信——信是诚实守信，表里如一，言行一致，重然诺，讲信用，言必信，行必果，有诚意，无二心，待人忠诚，不搞欺蒙诈骗。两千年来，仁义礼智信这“五常”成了中国人主要的精神追求与道德规范，是中国人不可摧毁的精神信仰。仁义礼智信实为中华民族优秀文化传统的核心和精髓。

ដែលមនុស្សម្នាក់ៗយើងរស់នៅទៀតផង។ 《យុត្តិធម៌》 មានន័យថា ធ្វើការអ្វីគួរតែចេះធ្វើឲ្យបានត្រឹមត្រូវ ចេះគោរពតាមសមភាព និងយុត្តិធម៌។ 《សុជីវធម៌》មានន័យថា របបខាងសុជីវធម៌និងច្បាប់ រួមទាំងទំនៀមទម្លាប់ខាងសុជីវធម៌និងសេចក្តីគួរសម មនុស្សម្នាក់ៗគួរតែចេះអរិយធម៌ ចេះគួរសម និងចេះគោរពតាមវិន័យនិងច្បាប់ ក្នុងការរស់នៅប្រចាំថ្ងៃ។ 《 បញ្ញាញាណ》 មានន័យថា ចេះស្គាល់ច្បាស់អំពីភាពត្រូវនិងភាពខុស ចេះស្គាល់ច្បាស់អំពីសេចក្តីល្អ និងសេចក្តីអាក្រក់ រួចហើយចេះសម្រេចចិត្តថា ជ្រើសយកមួយណា។ 《សុចរិតធម៌》មានន័យថា មានសុចរិតនិងចេះគោរពកិច្ចសន្យា ចេះសម្របគ្នាខាងក្នុងនិងខាងក្រៅ ចេះគោរពនិងប្រព្រឹត្តតាមពាក្យសំដី ដែលនិយាយចេញមកនោះ ហើយគួរតែចេះស្មោះត្រង់ចំពោះអ្នកដទៃទៀត មិនកុហកគេ។ តាំងពី ២០០០ ឆ្នាំកន្លងមកនេះ 《សីលធម៌៥យ៉ាង》 បានក្លាយទៅជាជំនឿដ៏សំខាន់ ដែលប្រជាជនចិនស្វែងរកចង់យកឲ្យបាននិងជាក្រមច្បាប់ខាងសីលធម៌ដែលប្រជាជនចិនគោរពតាម។ ការពិត《មេត្តាធម៌》 《យុត្តិធម៌》 《សុជីវធម៌》 《បញ្ញាញាណ》 《សុចរិតធម៌》 គឺជាសារៈសំខាន់នៃវប្បធម៌ និងជាប្រពៃណីដ៏ល្អប្រសើររបស់ជនជាតិចិន។

如切如磋，如琢如磨

មនុស្សគួរតែធ្វើតាមរបៀបកែច្នៃគ្រឿងឆ្អឹងនិងថ្មយក់

ដើម្បីស្វែងរកនិងស្រាវជ្រាវចំណេះវិជ្ជានិងអប់រំខ្លួន

11. 如切如磋，如琢如磨

【原文】

如切如磋者，道学也；如琢如磨者，自修也；瑟兮僩兮者，恂栗也；赫兮喧兮者，威仪也；有斐君子，终不可諠兮者，道盛德至善，民之不能忘也。

《大学·传三章》

【释文】

这里所说的“如切如磋”，是说他如何求学治学；这里所说的“如琢如磨”，是说他如何自我修炼；这里所说的“瑟兮僩兮”，是说他对人谦恭，处事谨慎而有所戒惧；这里所说的“赫兮喧兮”，是说他仪表威严而举止文雅；这里所说的“有斐君子，终不可諠兮”，是说他由于品德非常高尚，达到了最完善的境界，所以民众不能忘怀。

【解析】

一个有志于“治国平天下”的君子，应努力完善自己的道德和才能，努力服务社会，造福人民，这样才能获得民众拥戴。

11. មនុស្សគួរតែធ្វើតាមរបៀបកែច្នៃគ្រឿងឆ្អឹង និងថ្មយក់ ដើម្បីស្វែងរក និងស្រាវជ្រាវចំណេះវិជ្ជានិងអប់រំខ្លួន

【សេចក្តីអធិប្បាយ】

《ការកែច្នៃគ្រឿងឆ្អឹងគួរតែកែសាចុះសាឡើង ទើបអាចយកគ្រឿងឆ្អឹងដ៏ប្រណីតនោះបាន》 មានន័យថា មនុស្សគួរតែធ្វើតាមរបៀបនេះ ដើម្បីស្វែងរកនិងស្រាវជ្រាវចំណេះវិជ្ជា។ 《ការកែច្នៃគ្រឿងថ្មយក់សាចុះសាឡើង ទើបអាចយកគ្រឿងថ្មយក់ដ៏ប្រណីតនោះបាន》 មានន័យថា មនុស្សគួរតែធ្វើតាមរបៀបនេះ ដើម្បីធ្វើឲ្យខ្លួនឯងមានភាពល្អប្រសើរឡើង ខាងផ្លូវកាយ និងខាងផ្លូវចិត្ត។ 《រូបខាងក្រៅប្រកបដោយភាពម៉ឺងម៉ាត់ តែខាងក្នុងប្រកបដោយចិត្តទូលាយ》 មានន័យថា មនុស្សគួរតែចេះដាក់ខ្លួន និងគោរពចំពោះអ្នកដទៃ ហើយធ្វើការដោយប្រុងប្រយ័ត្នទៀត។ 《 រូបរាងប្រកបដោយឫទ្ធានុភាព តែអាកប្បកិរិយានិងឥរិយាបថរម្យទម》។《មនុស្សម្នាក់មានគុណធម៌ប្រកបដោយភាពខ្ពង់ខ្ពស់ និងភាពថ្លៃថ្នូរ ហើយទៅដល់កម្រិតក្រមសីលធម៌ដ៏ល្អឥតខ្ចោះ នោះប្រជាជននឹងមិនអាចបំភ្លេចបានទេ》។

(តាសៀ•ជំពូកទី)

【ការពន្យល់】

ឧត្តមជន ដែលប្តេជ្ញាចិត្តក្នុង 《ការដឹកនាំនគរឲ្យមានសន្តិភាពនៅក្នុងប្រទេស》 ត្រូវបណ្តុះបណ្តាលសីលធម៌និងអភិវឌ្ឍសមត្ថភាពរបស់ខ្លួនឲ្យកាន់តែប្រសើរឡើង ដើម្បីបម្រើសង្គមអស់ពីចិត្ត និងនាំយកផលប្រយោជន៍ជាច្រើនឲ្យប្រជាជន ដូចនេះហើយ ទើបឧត្តមជននោះអាចទទួលនូវការគាំទ្រពីប្រជាជនបាន។

12. 必也使无讼乎

【原文】

听讼，吾犹人也，必也使无讼乎！

《大学·传四章》

【释文】

审理案件，我也同别人一样，没有什么不同，要说不同，我只希望一定要让大家没有诉讼，人人和睦相处才好。

【解析】

这是孔子说的一句话。在孔子看来，在审理案子时，审明案情，分清是非，明确责任，准确量刑，当然十分重要，但更重要的是：一、社会上人人如能提高道德水准，就会减少案子的发生，甚至达到“无讼”的境地；二、执政者或执法者如能提高自身的道德水准，以自身正大光明的品德使人心产生敬畏，也会减少案子的发生，或使案件的审理得以顺利进行。这句话也可用来说明“修身”的重要。人们常说，治标不如治本。抓住了“修身”，就是抓住了根本，这样一来，一切也就会顺理成章了。

12.អត់មានការប្ដឹងផ្ដល់គ្នាក្នុងលោកនេះ នឹងនាំឲ្យមនុស្សម្នាក់ៗស្រឡាញ់រាប់អានគ្នា

【សេចក្ដីអធិប្បាយ】

ចំពោះការជម្រះក្ដី ខ្ញុំជម្រះក្ដីដូចអ្នកផ្សេងដែរ ពុំមានភាពខុសគ្នាប៉ុន្មានទេ ហើយខ្ញុំសង្ឃឹមថា បើគ្មានការប្ដឹងផ្ដល់គ្នានៅក្នុងលោកនេះទេ មនុស្សម្នាក់ៗនឹងរាប់អានហើយស្រឡាញ់គ្នា។

(តាសៀ•ជំពូកទី៤)

【ការពន្យល់】

ប្រយោគនេះ គឺជាប្រយោគមួយដែលខុងជឺនិយាយចេញមក។ ខុង ជឺយល់ឃើញថា រឿងសំខាន់គឺការជម្រះក្ដីឲ្យច្បាស់លាស់ ស្គាល់ច្បាស់អំពីភាពត្រូវនិងភាពខុស ហើយដាក់ទណ្ឌកម្មឲ្យបានត្រឹមត្រូវ តែរឿងសំខាន់ជាងនេះគឺទី១ បើបុគ្គលនីមួយៗលើកតំកើងកម្រិតក្រមសីលធម៌ក្នុងសង្គមនោះ ការកើតឡើងនូវរឿងក្ដីក្ដាំក៏នឹងថយចុះ ហើយឈានទៅដល់កម្រិតមួយគឺ《គ្មានការប្ដឹង》។ ទី ២ បើអ្នកកាន់អំណាចឬអាជ្ញាធរលើកតំកើងកម្រិតក្រមសីលធម៌ដ៏ខ្ពង់ខ្ពស់និងសេចក្ដីថ្លៃថ្នូររបស់ខ្លួនឯង នោះនឹងធ្វើឲ្យសាមញ្ញជនមានចិត្តរន្ធត់ញាប់ញ័រ ដូច្នេះហើយ ការកើតឡើងនូវរឿងក្ដីក្ដាំនឹងថយចុះដូចគ្នា ហើយការជម្រះក្ដី ក៏មានការងាយស្រួលជាងមុន។ ប្រយោគនេះ បានបញ្ជាក់ថា《អប់រំខ្លួន》សំខាន់ណាស់។ គេតែងនិយាយថា ការដោះស្រាយតែផ្នែកខាងលើនៃបញ្ហា វាឆាប់រហ័សជាង តែការដោះស្រាយបញ្ហាពីឫសគល់របស់វា គឺសំខាន់ជាង។ ប្រសិនបើយល់《អប់រំខ្លួន》នេះឲ្យច្បាស់លាស់ បញ្ហាទាំងអស់ក៏អាចដោះស្រាយបានយ៉ាងងាយស្រួលដែរ។

致知在格物

មធ្យោបាយសម្រាប់ស្វែងរកទទួលយកចំណេះវិជ្ជា

គឺការស្រាវជ្រាវឲ្យស៊ីជម្រៅដើម្បីរកឃើញសេចក្ដីពិត

13. 致知在格物

【原文】

所谓致知在格物者，言欲致吾之知，在即物而穷其理也。

《大学·传五章》

【释文】

所谓获得知识的途径在于接触和探究万事万物，是说要想获得知识，就在于接触万事万物而深入钻研彻底探究它的道理。

【解析】

“格物致知”的意思是，要接触和探究世界上的万事万物，才能获取知识，换句话说，要获取知识，必须接触和探究世界上的万事万物。“格”和“即”都有“接近”“接触”的意思，“即物”就是“格物”。今天在大学求学，学习书本知识，应当联系实际，并且重视亲身实践。

13. មធ្យោបាយសម្រាប់ស្វែងរកទទួលយកចំណេះវិជ្ជា គឺការស្រាវជ្រាវឲ្យស៊ីជម្រៅ ដើម្បីរកឃើញសេចក្តីពិត

【សេចក្តីអធិប្បាយ】

មធ្យោបាយសម្រាប់ស្វែងរកចំណេះដឹង គឺការទាក់ទងនិងការស្រាវជ្រាវអ្វីៗទាំងអស់ មានន័យថា ទាក់ទងនិងស្គាល់អ្វីៗទាំងអស់ជាមុនសិន រួចហើយស្រាវជ្រាវឲ្យស៊ីជម្រៅ ទីបំផុតនឹងរកឃើញសេចក្តីពិត។

(តាសៀ•ជំពូកទី៥)

【ការពន្យល់】

《ការស្រាវជ្រាវអ្វីៗទាំងអស់ឲ្យស៊ីជម្រៅ ដើម្បីស្វែងរកចំណេះដឹងនិងរកឃើញសេចក្តីពិត》 មានន័យថា ការឈ្វេងយល់ហេតុរបស់អ្វីៗទាំងអស់ដើម្បីទទួលបានបញ្ញាញាណ។ សព្វថ្ងៃនេះ និស្សិតទទួលបានចំណេះដឹងពីសៀវភៅក្នុងការសិក្សានៅសកលវិទ្យាល័យ ហើយរឿងសំខាន់នោះគឺ រួមផ្សំទ្រឹស្តីពីសៀវភៅជាមួយនឹងការអនុវត្ត។

14. 理有未穷而知有不尽

【原文】

人心之灵莫不有知，而天下之物莫不有理，惟于理有未穷，故其知有不尽也。是以“大学”始教，必使学者即凡天下之物，莫不因其已知之理而益穷之，以求至乎其极。

《大学·传五章》

【释文】

人心灵巧无不具有认知能力，而天下万事万物无不具有一定的道理，只不过因为这些道理还没有被人彻底探究，所以人们的知识就显得很有局限。因此，“大学”一开始就教求学者接触和探究天下万事万物，他们没有人不是凭借自己已有的知识去进一步探究，以求彻底认识万事万物的道理。

【解析】

在大学求学，既要好好读书，获取知识，又要联系实际或亲身实践，接触和探究世界上的万事万物，两者是统一的，不可把两者绝对地对立起来。

14. សេចក្តីពិតក្នុងលោកនេះ រៀបរាប់មិនចេះអស់ឡើយ ហើយចំណេះដឹងរបស់មនុស្សនៅតែមិនគ្រប់គ្រាន់ទេ

【សេចក្តីអធិប្បាយ】

បុគ្គលនីមួយៗសុទ្ធតែមានសមត្ថភាព សម្រាប់ឈ្វេងយល់ហេតុការណ៍របស់អ្វីៗទាំងអស់នៅខាងក្នុងចិត្ត ហើយអ្វីៗទាំងអស់ក្នុងលោកនេះ សុទ្ធតែមានច្បាប់សម្រាប់គោរពតាម តែមនុស្សនៅមិនទាន់បានស្គាល់និងស្រាវជ្រាវច្បាប់នោះឲ្យបានច្បាស់លាស់ទេ ដូចនេះ ចំណេះដឹងរបស់មនុស្សនៅតែមិនគ្រប់គ្រាន់ទេ។ តាសៀ បង្រៀនឲ្យអ្នកសិក្សាចេះទាក់ទងនិងស្គាល់ច្បាស់អំពីអ្វីៗទាំងអស់ក្នុងលោកនេះ ពីព្រោះគ្មានអ្នកណាអាចស្វែងរកចំណេះដឹងបានដោយខ្លួនឯងនោះទេ ក៏មិនមានអ្នកណាអាចឈ្វេងយល់ហេតុការណ៍របស់អ្វីៗទាំងអស់បានដោយខ្លួនឯងនោះដែរ។

(តាសៀ•ជំពូកទី៥)

【ការពន្យល់】

ក្នុងការសិក្សានៅសកលវិទ្យាល័យ យើងមិនត្រឹមតែខិតខំរៀននិងទទួលយកចំណេះដឹងប៉ុណ្ណោះទេ ប៉ុន្តែក៏រួមផ្សំទ្រឹស្តីពីសៀវភៅជាមួយនឹងការអនុវត្តថែមទៀតផង ដូចនេះហើយទើបអាចទាក់ទង និងស្រាវជ្រាវរកឃើញសេចក្តីពិតពីអ្វីៗទាំងអស់ក្នុងលោកនេះបាន។

诚其意者，毋自欺

ធ្វើឲ្យខ្លួនឯងមានសេចក្ដីស្មោះត្រង់និងសុចរិតភាព ហើយមិនកុហកខ្លួនឯង

15. 诚其意者，毋自欺

【原文】

所谓诚其意者，毋自欺也。如恶恶臭，如好好色，此之谓自谦。故君子必慎其独也。

《大学·传六章》

【释文】

所谓使意念真诚、诚实，意思是说不要自己欺骗自己。就好像厌恶腐臭难闻的气味，又好像喜爱容貌美丽的女子，一切都自然地发自内心。这就叫作出自内心真诚而心安理得。所以，品德高尚的君子哪怕是在一个人独处的时候，也一定举止谨慎，言行不苟。

【解析】

诚意是要使意念真诚，做人诚实，不自欺欺人。从本质上来说，“诚意”是信仰问题。如果真心信仰，就不会口是心非，言行不一，明里一套，暗里一套，而是一心一意去追求，表现出信仰的虔诚。“慎独”是说一个人独处时也要敬慎，不要改变自己恒定的道德操守。在无人注视或监督的独处之时，一个人的所作所为，最容易看出他的精神信仰是否虔诚，道德品质是否高尚。

15. ធ្វើឲ្យខ្លួនឯង មានសេចក្តីស្មោះត្រង់ និងសុចរិតភាព ហើយមិនកុហកខ្លួនឯង

【សេចក្តីអធិប្បាយ】

ការធ្វើឲ្យខ្លួនឯងមានសេចក្តីស្មោះត្រង់និងសុចរិតភាព បានន័យថាមិនកុហកខ្លួនឯងជាដាច់ខាត។ អារម្មណ៍ទាំងអស់សុទ្ធតែកើតចេញមកពីចិត្តខ្លួនឯង វាប្រៀបដូចជា ការស្អប់ក្លិនស្អុយនិងការស្រឡាញ់ស្រីស្អាតដែលមានមុខឆោតម្នាក់។ ឧត្តមជនជាបុគ្គលមួយរូបដែលមានសីលធម៌ដ៏ខ្ពង់ខ្ពស់និងថ្លៃថ្នូរ គាត់មានភាពប្រយ័ត្នប្រយែងទាំងពាក្យសំដីទាំងអាកប្បកិរិយាជារហូត។

(តាសៀ•ជំពូកទី៦)

【ការពន្យល់】

សុចរិតភាពមានន័យថា ធ្វើឲ្យខ្លួនឯងមានសេចក្តីស្មោះត្រង់ គោរពកិច្ចសន្យា ហើយមិនកុហកខ្លួនឯង។ ការពិត《សុចរិតភាព》គឺជាជំនឿម្យ៉ាង។ ប្រសិនបើការជឿឲ្យអស់ពីភាពស្មោះត្រង់ពិតប្រាកដនោះ យើងមិនអាចមាត់ប្រកែកអម្រែកទទួលបានទេ ក៏មិនអាចគិតអ្វីម្យ៉ាងក្នុងចិត្ត ខុសពីពាក្យសំដីរបស់ខ្លួនឯងបានទេ តែនឹងព្យាយាមស្វះស្វែងរកដើម្បីយកឲ្យបាននូវភាពល្អល្អះជាជំនឿអស់មួយជីវិត។《ភាពប្រយ័ត្នប្រយែង》មានន័យថាបុគ្គលណាដែលនៅតែម្នាក់ឯង ក៏ត្រូវប្រុងប្រយ័ត្នដូចធម្មតា មិនកែប្រែកិរិយាមារយាទខាងគុណធម៌ខ្លួនឯងឡើយ។ ពេលបុគ្គលណា ដែលនៅតែម្នាក់ឯងឬក្រៅពីការសម្លឹងមើលរបស់អ្នកដទៃ យើងមុខជានឹងមើលឃើញជំនឿស្មោះត្រង់ឬមិនស្មោះត្រង់របស់បុគ្គលនោះ និងគុណធម៌ដ៏ខ្ពង់ខ្ពស់ ឬមិនខ្ពង់ខ្ពស់របស់បុគ្គលនោះ បើយោងតាមការប្រព្រឹត្តរបស់បុគ្គលមួយរូបនោះ។

16. 富润屋，德润身

【原文】

富润屋，德润身，心广体胖。故君子必诚其意。

《大学·传六章》

【释文】

财富可以装饰房屋，品德却可以修养身心，使心胸宽广而体态舒泰安详。所以，品德高尚的君子一定要使自己的意念真诚、诚实。

【解析】

人们往往重视“富润屋”，轻忽“德润身”。但恰是后一句“德润身”，才更能彰显一个人的高贵与美丽。

16. ទ្រព្យសម្បត្តិអាចយកមកតុបតែងផ្ទះបាន ឯគុណធម៌វិញអាចយកមកអប់រំខ្លួនខាងផ្លូវចិត្តនិងផ្លូវកាយបាន

【សេចក្ដីអធិប្បាយ】

ទ្រព្យសម្បត្តិអាចយកមកតុបតែងផ្ទះបាន ឯគុណធម៌វិញ អាចយកមកអប់រំខ្លួនខាងផ្លូវចិត្តនិងខាងផ្លូវកាយបាន ហើយអាចពង្រីកចិត្តឲ្យទូលំទូលាយ ធ្វើឲ្យមានសេចក្ដីសប្បាយរីករាយនិងភ្លេចក្ដីបារម្ភទៀត។ ឧត្តមជនដែលមានគុណធម៌ដ៏ខ្ពង់ខ្ពស់នោះ មុខជានឹងធ្វើឲ្យខ្លួនឯងមានសេចក្ដីស្មោះត្រង់ និងសុចរិតភាព។

(តាសៀ•ជំពូកទី៦)

【ការពន្យល់】

តាមធម្មតា មនុស្សម្នាយកចិត្តទុកដាក់លើ《ទ្រព្យសម្បត្តិអាចយកមកតុបតែងផ្ទះបាន》តែមិនអើពើលើ《គុណធម៌អាចយកមកអប់រំខ្លួនខាងផ្លូវចិត្តនិងខាងផ្លូវកាយបាន》ទេ។ ប្រសិនបើ បុគ្គលណាយកចិត្តទុកដាក់លើ《គុណធម៌អាចយកមកអប់រំខ្លួនខាងផ្លូវចិត្តនិងខាងផ្លូវកាយបាន》 នោះវានឹងបញ្ជាក់ពីភាពខ្ពង់ខ្ពស់និងភាពស្អាតស្អំរបស់បុគ្គលម្នាក់នោះហើយ។

修身在正其心

យើងត្រូវកែតម្រង់ឲ្យមានចរិតល្អជាមុនសិន ដើម្បីអប់រំខ្លួនខាងផ្លូវចិត្តនិងផ្លូវកាយ

17. 修身在正其心

【原文】

所谓修身在正其心者，身有所忿懥，则不得其正；有所恐惧，则不得其正；有所好乐，则不得其正；有所忧患，则不得其正。

《大学·传七章》

【释文】

所谓修养自身的品性要先端正自己的心思，是因为有所愤怒，心就不能够端正；有所恐惧，心就不能够端正；有所喜好，心就不能够端正；有所忧虑，心就不能够端正。

【解析】

为什么“修身”必先正其心？“心”，这里指的是人的意念，人的情绪，人的专注力。人是有情感的动物，人的愤怒、恐惧、喜乐、忧患之情，都会影响人的专注力，使人“分心”；极端的情绪，往往使人不能专注于“修身”。“心不在焉，视而不见，听而不闻……”，以至偏离“止于至善”的目标。因此，“正心”实为“修身”之前提。

17. យើងត្រូវកែតម្រង់ឲ្យមានចរិតល្អជាមុនសិន ដើម្បីអប់រំខ្លួនខាងផ្លូវចិត្តនិងផ្លូវកាយ

【សេចក្ដីអធិប្បាយ】

យើងត្រូវកែតម្រង់ខ្លួនឲ្យមានចរិតល្អជាមុនសិន ដើម្បីអប់រំខ្លួនខាងផ្លូវចិត្តនិងផ្លូវកាយ ពីព្រោះបើខឹងសម្បា នោះយើងមិនអាចកែតម្រង់ឲ្យមានចរិតល្អបានទេ បើខ្លាចញាប់ញ័រ នោះយើងក៏មិនអាចកែតម្រង់ឲ្យមានចរិតល្អបានដែរ បើនិយមអ្វីម្យ៉ាងខ្លាំងពេក នោះយើងក៏មិនអាចកែតម្រង់ឲ្យមានចរិតល្អបានដែរ បើព្រួយបារម្ភខ្លាំងពេក នោះយើងក៏មិនអាចកែតម្រង់ឲ្យមានចរិតល្អបានដូចគ្នា។

(តាសៀ•ជំពូកទី៧)

【ការពន្យល់】

ហេតុអ្វីបានជា ការអប់រំខ្លួនឲ្យមានចរិតល្អជាមុនសិន? នៅត្រង់នេះ ចរិត គឺជាគំនិត អារម្មណ៍និងសតិរបស់មនុស្ស។ ពីព្រោះមនុស្សដូចជាសត្វម្យ៉ាងដែលមានអារម្មណ៍ ហើយអារម្មណ៍ទាំងនេះ នឹងរំខាន់ដល់សតិរបស់មនុស្ស ធ្វើឲ្យស្មារតីមិនមូល ដូចជាអារម្មណ៍កំហឹង ភាពខ្លាច សេចក្ដីសប្បាយនិងក្ដីបារម្ភរបស់មនុស្ស។ អារម្មរណ៍អាក្រក់ជាងគេ នឹងបំបែកស្មារតីចេញពីការអប់រំខ្លួន។《ស្មារតីមិនមូល មើលឃើញតែធ្វើពុតជាមើលមិនឃើញ ស្ដាប់ហើយតែធ្វើពុតជាមិនឮ......》ដូច្នេះហើយ ឆ្ងាយពីការសម្រេចនូវគោលដៅសម្រាប់ទៅដល់ដែននៃក្រមសីលធម៌ដ៏ល្អឥតខ្ចោះ។ ការកែតម្រង់ឲ្យមានចរិត

如能经常保持中和的精神状态，不受外物干扰，不因一时的感情冲动而丧失理智，专心致志，心无旁骛，才能使“修身”日益趋进。

ល្អ គឺជាមូលដ្ឋានរបស់ការអប់រំខ្លួន។ បើអ្នកណាអាចរក្សាគុណភាពជានិច្ច នោះវត្ថុអ្វីៗទាំងអស់ក្នុងលោកមិនអាចរំខាន់ដល់ខ្លួនឯងបានទេ កុំដោយសារតែគ្រប់គ្រង អារម្មណ៍មិនបានមួយពេល ក៏បាត់បង់វិចារណញាណ។ បើយកចិត្តទុកដាក់ គ្មានអារម្មណ៍រញ៉េរញ៉ៃក្នុងចិត្ត ទើបអាចអប់រំខ្លួនឲ្យមានភាពល្អប្រសើរឡើងបាន។

18. 齐其家在修其身

【原文】

所谓齐其家在修其身者，人之其所亲爱而辟焉，之其所贱恶而辟焉，之其所畏敬而辟焉，之其所哀矜而辟焉，之其所敖惰而辟焉。故好而知其恶，恶而知其美者，天下鲜矣！

《大学·传八章》

【释文】

所谓整治好自己的家庭要先修养好自身，是因为人们对于自己所亲爱的人会过分偏爱，对于自己所厌恶的人会过分鄙视，对于自己所敬畏的人会过分推崇，对于自己所同情的人会过分怜悯，对于自己所轻视的人会过分简慢。因此，喜爱一个人却知道那人的缺点，讨厌一个人却又知道那人的优点，能这样全面看人的人天下少有啊！

【解析】

整治家庭最重要的是持守中正，保持中和。对待家人和家事，不能任凭个人情感上的好恶而产生偏心，以至出现偏向、偏差与偏颇。

18. ការគ្រប់គ្រងគ្រួសារខ្លួនឲ្យបានល្អ គឺស្ថិតនៅត្រង់ការអប់រំខ្លួនខាងផ្លូវកាយនិងខាងផ្លូវចិត្តជាមុនសិន

【សេចក្ដីអធិប្បាយ】

ការគ្រប់គ្រងនូវគ្រួសារខ្លួនឲ្យបានល្អ គឺស្ថិតនៅត្រង់ការអប់រំខ្លួនខាងផ្លូវកាយនិងខាងផ្លូវចិត្តជាមុនសិន។ ដោយសារប្រជាជនស្រឡាញ់ជាខ្លាំងចំពោះបុគ្គលណាដែលខ្លួនស្រឡាញ់ មើលងាយជាខ្លាំងចំពោះបុគ្គលណាដែលខ្លួនស្អប់ លើកតំកើងជាខ្លាំងចំពោះបុគ្គលណាដែលខ្លួនគោរព អាណិតជាខ្លាំងចំពោះបុគ្គលណាដែលខ្លួនអាសូរ និងមិនមានសេចក្ដីរួសរាយរាក់ទាក់ចំពោះបុគ្គលណាដែលខ្លួនមើលងាយឡើយ។ ដូច្នេះហើយ មានអ្នកខ្លះស្រឡាញ់បុគ្គលណាដែលមានគុណសម្បត្តិ និងស្អប់បុគ្គលណាដែលមានគុណវិបត្តិ។ តើមានមនុស្សប៉ុន្មាននាក់ក្នុងលោកនេះ ដែលយល់ឃើញពីរបៀបនៃការមើលមនុស្សពីគ្រប់ជ្រុងជ្រោយ?

(តាសៀ•ជំពូកទី៨)

【ការពន្យល់】

រឿងសំខាន់ គឺមានយុត្តិធម៌ និងតុល្យភាពក្នុងការគ្រប់គ្រងគ្រួសារខ្លួន ហើយយើងមិនអាចលម្អៀងចិត្ត ទៅតាមអារម្មណ៍ស្រឡាញ់និងស្អប់ ចំពោះញាតិណាម្នាក់និងរឿងនៅក្នុងផ្ទះបានឡើយ។

治国必先齐其家

ការដឹកនាំប្រទេសឲ្យបានល្អ គឺស្ថិតនៅត្រង់ការគ្រប់គ្រងគ្រួសារខ្លួនឲ្យបានល្អជាមុនសិន

19. 治国必先齐其家

【原文】

所谓治国必先齐其家者，其家不可教而能教人者无之。故君子不出家而成教于国：孝者，所以事君也；弟者，所以事长也；慈者，所以使众也。

《大学·传九章》

【释文】

所谓治理国家必须先整治好自己的家庭，是因为不能管教好家人而能管教好国人的人，是没有的。所以，品德高尚的君子不出家门就能完成对国人的教育：因为他对父母的孝顺，可以用来侍奉君主；他对兄长的恭顺，可以用来侍奉官长；他对子女的慈爱，可以用来统率民众。

【解析】

“修身”是“齐家”的基础，而“齐家”又是“治国”的根基。

19. ការដឹកនាំប្រទេសឲ្យបានល្អ គឺស្ថិតនៅត្រង់ការគ្រប់គ្រងគ្រួសារខ្លួនឲ្យបានល្អជាមុនសិន

【សេចក្ដីអធិប្បាយ】

ការដឹកនាំប្រទេសឲ្យបានល្អ គឺស្ថិតនៅត្រង់ការគ្រប់គ្រងគ្រួសារខ្លួនឲ្យបានល្អជាមុនសិន ពីព្រោះប្រសិនបើមិនចេះគ្រប់គ្រងគ្រួសារឲ្យបានល្អនោះទេ ក៏មិនអាចដឹកនាំប្រទេសឲ្យបានល្អដែរ។ ហើយឧត្តមជនមួយរូប ដែលមានគុណធម៌ដ៏ខ្ពង់ខ្ពស់ នឹងអប់រំប្រជាជនឲ្យបានល្អ ទោះបីជាឧត្តមជននោះមិន ចេញពីផ្ទះទៅខាងក្រៅក៏ដោយ ពីព្រោះឧត្តមជននោះមានកតញ្ញូតាធម៌ចំពោះឪពុកម្ដាយគាត់ នឹងអាចយកកតញ្ញូតាធម៌មកបំរើស្ដេចបាន ឧត្តមជននោះគោរពចំពោះបងប្រុស និងស្ដាប់ឱវាទពីបងប្រុស នឹងអាចយកសេចក្ដីគោរពនិងការស្ដាប់ឱវាទមកបំរើមន្ត្រីបាន ឧត្តមជននោះស្រឡាញ់ចំពោះកូនរបស់គាត់ នឹងអាចយកសេចក្ដីស្រឡាញ់នោះមកដឹកនាំប្រជាជនបាន។

(តាសៀ•ជំពូកទី៩)

【ការពន្យល់】

《ការអប់រំខ្លួន》 គឺជាមូលដ្ឋាននៃ 《ការគ្រប់គ្រងគ្រួសារខ្លួន》 ។《ការគ្រប់គ្រងនូវគ្រួសារខ្លួនឲ្យបានល្អ》 គឺជាមូលដ្ឋាននៃ 《ការដឹកនាំប្រទេសឲ្យបានល្អ》។ នៅសម័យបុរាណ ផ្ទះប្រៀបបីដូចជាប្រទេសតូចមួយ រីឯប្រទេសប្រៀបដូចជា ប្រទេសធំមួយ 《ការគ្រប់គ្រងគ្រួសារខ្លួនឲ្យបានល្អ》 ចាក់គ្រឹះសម្រាប់ 《ការដឹកនាំប្រទេសឲ្យបានល្អ》។ ឧត្តមជនយកខ្លួនជាគំរូក្នុងគ្រួសារខ្លួនជាមនុស្សសិន នោះចរិយាធម៌នៅក្នុងគ្រួសារ នឹងអាចអភិវឌ្ឍនិងក្លាយទៅជាទ្រឹស្ដីមួយ នៅក្នុងសង្គមនិងនយោបាយ។ បើយក 《កតញ្ញូតាធម៌》 និង

古代家国同构，家是小的国，国是大的家，齐家可为治国奠定基础，树立榜样，家庭伦理也可以拓展、演化为社会伦理、政治伦理。“孝”可与“忠”对接：在家能孝亲，在国就会忠君。“悌”可与“敬”对接：在家能敬兄，在外就会敬长。“慈幼”可与“爱民”对接：在家能慈爱幼小，在社会上就会爱护百姓。在这里，重要的是，在上位者要加强自身修养，处处起表率作用。

《សេចក្តីស្មោះត្រង់》មកទន្ទឹមគ្នា នៅក្នុងផ្ទះ ឧត្តមជនមានកតញ្ញូតាធម៌ចំពោះឪពុកម្តាយ នៅក្នុងជាតិ ឧត្តមជនមានសេចក្តីស្មោះត្រង់ចំពោះស្តេច។ បើយក《សេចក្តីគោរពនិងស្រឡាញ់បងប្រុសបង្កើត》និង《សេចក្តីគោរពអ្នកមានអាយុច្រើន》មកទន្ទឹមគ្នា នៅក្នុងផ្ទះ ឧត្តមជនគោរពនិងស្រឡាញ់ចំពោះបងប្រុសបង្កើត នៅខាងក្រៅ ឧត្តមជនគោរពអ្នកមានអាយុច្រើន។ បើយក《សេចក្តីស្រឡាញ់ក្មេងៗ》និង《ស្រឡាញ់និងការពារសាមញ្ញជន》មកទន្ទឹមគ្នា នៅក្នុងផ្ទះ ឧត្តមជនស្រឡាញ់ក្មេងៗ នៅក្នុងសង្គម ឧត្តមជនស្រឡាញ់និងការពារសាមញ្ញជន។ សំខាន់គឺឧត្តមជនដែលមានអំណាចគួរតែពង្រឹងការអភិវឌ្ឍខ្លួន ហើយធ្វើជាគំរូដល់អ្នកដទៃ។

20. 如保赤子

【原文】

《康诰》曰："如保赤子。"心诚求之，虽不中，不远矣。

《大学·传九章》

【释文】

《尚书·周书·康诰》说："作为国君，保护平民百姓要像父母养护婴儿一样。"只要内心真诚地去追求，即使达不到目标，也不会相差太远。

【解析】

这里讲的是"慈幼"与"爱民"的对接：在上位的人在家如能慈爱幼小，在社会上就会"爱民如子"，爱护百姓。

20.ស្តេចគួរតែចេះការពារដល់សាមញ្ញជន ប្រៀបដូចឪពុកម្តាយចិញ្ចឹមនិងការពារទារក

【សេចក្តីអធិប្បាយ】

ស្នាដៃសាំងស៊ូ-ចូវស៊ូ-ខាងកៅ បានបញ្ជាក់ថា《ចំពោះស្តេច ស្តេចគួរតែ ចេះការពារសាមញ្ញជន ប្រៀបដូចឪពុកម្តាយចិញ្ចឹមនិងការពារទារក។》ទាល់តែស្វែងរកឲ្យអស់ពីចិត្តស្មោះហើយ ទើបនឹងអាចសម្រេចទិសដៅនោះបាន ទោះបីជានៅមិនទាន់សម្រេចទិសដៅនោះជាបណ្តោះអាសន្នក៏ដោយ ក៏ប៉ុន្តែវាស្ថិតនៅមិនឆ្ងាយពីការសម្រេចទិសដៅនោះដែរ។

(តាសៀ•ជំពូកទី៩)

【ការពន្យល់】

យក《សេចក្តីស្រឡាញ់ចំពោះក្មេងៗ》និង《សេចក្តីស្រឡាញ់ចំពោះសាមញ្ញជន》មកទន្ទឹមគ្នា ប្រសិនបើឧត្តមជនដែលមានអំណាចចេះស្រឡាញ់ក្មេងៗនៅក្នុងផ្ទះ ឧត្តមជនដែលមានអំណាចមុខជានឹងចេះស្រឡាញ់និងការពារសាមញ្ញជននៅក្នុងសង្គម ។

一家仁，一国兴仁

បើគ្រួសារមួយប្រកបដោយបរិយាកាសនៃសេចក្ដីស្រឡាញ់

ប្រទេសមួយនោះក៏ប្រកបដោយបរិយាកាសនៃសេចក្ដីស្រឡាញ់ដូចគ្នាដែរ

21. 一家仁，一国兴仁

【原文】

一家仁，一国兴仁；一家让，一国兴让；一人贪戾，一国作乱。其机如此。此谓一言偾事，一人定国。

《大学·传九章》

【释文】

如果一家是仁爱的，一国也会兴起仁爱之风；如果一家是礼让的，一国也会兴起礼让之风；如果有一人贪婪暴戾，一国就会发生动乱。其先兆就是这样清楚。这就叫作说错一句话就会使事情败坏，端正一个人就能使国家安定。

【解析】

“家风”会影响“国风”。在上位的人的所作所为往往对家庭和国家造成很大的甚至是决定性的影响。

21. ប្រសិនបើគ្រួសារមួយប្រកបដោយបរិយាកាសនៃសេចក្ដីស្រឡាញ់ប្រទេសមួយនោះ ក៏ប្រកបដោយបរិយាកាសនៃសេចក្ដីស្រឡាញ់ដូចគ្នាដែរ

【សេចក្ដីអធិប្បាយ】

បើគ្រួសារមួយ ប្រកបដោយបរិយាកាសនៃសេចក្ដីស្រឡាញ់ ប្រទេសមួយនោះ ក៏ប្រកបដោយបរិយាកាសនៃសេចក្ដីស្រឡាញ់ដូចគ្នាដែរ។ បើគ្រួសារមួយ ប្រកបដោយបរិយាកាសសេចក្ដីគួរសម ប្រទេសមួយនោះ នឹងប្រកបដោយបរិយាកាសសេចក្ដីគួរសម ដូចគ្នាដែរ។ បើបុគ្គលណាម្នាក់លោភលន់និងសាហាវព្រៃផ្សៃ ប្រទេសមួយនោះនឹងកើតចលាចល។ និយាយកាត់គឺការនិយាយខុសពាក្យ ធ្វើឲ្យរឿងនោះ ប្រែប្រួលទៅជារឿងអាក្រក់ភ្លាម។ អាស្រ័យហេតុនេះហើយ បានជាមនុស្សម្នាក់មានគុណធម៌ល្អប្រសើរបន្តិចម្ដងៗ នឹងធ្វើឲ្យប្រទេសនោះ ប្រកបដោយសេចក្ដីសុខនិងភាពសុខសាន្តបន្តិចម្ដងៗ។

(តាសៀ•ជំពូកទី៩)

【ការពន្យល់】

《បរិយាកាសក្នុងគ្រួសារ》 នឹងប៉ះពាល់ដល់《បរិយាកាសក្នុងសង្គម》។ ការប្រព្រឹត្តរបស់ឧត្តមជនដែលមានអំណាចនឹងប៉ះពាល់ដល់គ្រួសារនិងប្រទេសជួនកាលអាចនឹងមានផលប៉ះពាល់យ៉ាងខ្លាំងបំផុតទៀតផង។

22. 治国在齐其家

【原文】

君子有诸己而后求诸人，无诸己而后非诸人。所藏乎身不恕，而能喻诸人者，未之有也。故治国在齐其家。

《大学·传九章》

【释文】

品德高尚的君子，总是自己先具有了美德然后才要求别人具有美德，自己先除掉了自身的恶习然后才能批评别人的恶习。如果本身都不讲这种推己及人的恕道，而想教导别人也讲恕道，那是不可能办到的。所以，治理国家必须先整治好自己的家庭。

【解析】

在上位的人无论治家与治国，都应推己及人，以身作则。榜样的力量是无穷的。

22.ទាល់តែគ្រប់គ្រងគ្រួសារខ្លួនឲ្យបានល្អជាមុនសិន ទើបអាចដឹកនាំប្រទេសមួយឲ្យបានល្អ

【សេចក្តីអធិប្បាយ】

ទាល់តែឧត្តមជនមានសីលធម៌ដ៏ល្អប្រសើរជាមុនសិន ទើបអាចទាមទារឲ្យអ្នកដទៃមានសីលធម៌ដ៏ល្អប្រសើរដូចគ្នា ទាល់តែឧត្តមជនបោះបង់ចោលនូវអំពើអាក្រក់ទេ រួចហើយទើបអាចទិះទៀនអំពើអាក្រក់របស់អ្នកដទៃបាន។ បើឧត្តមជនមិនគិតដល់ស្ថានភាព ដែលអ្នកដទៃស្ថិតនៅ តើអាចបង្រៀនយ៉ាងម៉េចដើម្បីឲ្យអ្នកដទៃចេះនោះ រឿងនេះដូចជាទៅមិនរួចឡើយ។ ដូច្នេះហើយបានជា ទាល់តែគ្រប់គ្រងនូវគ្រួសារខ្លួនឲ្យបានល្អជាមុនសិន ទើបអាចដឹកនាំប្រទេសមួយឲ្យបានល្អ។

(តាសៀ•ជំពូកទី៩)

【ការពន្យល់】

ទោះជាគ្រប់គ្រងគ្រួសារមួយក្តី ដឹកនាំប្រទេសមួយក្តី ឧត្តមជនដែលមានអំណាចគួរតែគិតដល់ស្ថានភាព ដែលអ្នកដទៃស្ថិតនៅ ហើយធ្វើឲ្យខ្លួនឯងក្លាយជាមនុស្សគំរូ ពីព្រោះកម្លាំងនៃភាពជាគំរូនេះខ្លាំងក្លាណាស់។

平天下在治其国

ទាល់តែដឹកនាំនគរខ្លួនឲ្យបានល្អជាមុនសិន ទើបនឹងធ្វើឲ្យមានសន្តិភាពនិងសេចក្តីសុខក្នុងប្រទេស

23. 平天下在治其国

【原文】

所谓平天下在治其国者，上老老而民兴孝；上长长而民兴弟；上恤孤而民不倍，是以君子有絜矩之道也。

《大学·传十章》

【释文】

所谓平治天下必须先治理好自己的国家，是因为在上位者尊敬老人，老百姓就会兴起孝敬父母之风；在上位者尊重长辈，老百姓就会兴起尊敬兄长之风；在上位者体恤救济孤儿，老百姓就不会背离而是跟着去做，所以品德高尚的君子有“絜矩之道”，总能推己及人以身作则。

【解析】

这里所说的“絜矩之道”，其实是“恕”道。所谓“恕”，是指宽容、厚道、仁慈、忍让，以仁爱之心待人，能推己及人，将心比心，处处为他人着想，并且处处以身示范，为人表率。己之所好，与人共之；己之所恶，切勿加之。这是一种爱心、同情心，是将家庭伦理（孝悌）放大到社会上而形成的社会伦理、政治伦理（忠恕）。

23. ទាល់តែដឹកនាំនគរខ្លួនឲ្យបានល្អជាមុនសិន ទើបនឹងធ្វើឲ្យមានសន្តិភាពនឹងសេចក្តីសុខក្នុងប្រទេស

【សេចក្តីអធិប្បាយ】

ទាល់តែដឹកនាំនគរខ្លួនឲ្យបានល្អជាមុនសិន ទើបនឹងធ្វើឲ្យមានសន្តិភាពនិងសេចក្តីសុខក្នុងប្រទេស។ ឧត្តមជនដែលមានអំណាច គោរពដល់ចាស់ៗ សាមញ្ញជនក៏គោរពឪពុកម្តាយដែរដោយធ្វើតាមឧត្តមជន ដូច្នេះហើយ នឹងសម្បូរដោយបរិយាកាសគោរពចាស់ៗនិងគោរពឪពុកម្តាយ។ ឧត្តមជនដែលមានអំណាច គោរពអ្នកមានអាយុច្រើន សាមញ្ញជនក៏គោរពបងប្រុសបង្កើតដែរដោយធ្វើតាមឧត្តមជន ដូច្នេះហើយ នឹងសម្បូរដោយបរិយាកាសនៃការគោរពអ្នកមានអាយុច្រើន និងបងប្រុសបង្កើត។ ឧត្តមជនដែលមានអំណាចអាណិតនិងសង្គ្រោះចំពោះកូនកំព្រា សាមញ្ញជនក៏អាណិតនិងសង្គ្រោះចំពោះកូនកំព្រាដែរដោយធ្វើតាមឧត្តមជន ឧត្តមជនដែលមានអំណាច ចេះគិតដល់ស្ថានភាពដែលអ្នកដទៃស្ថិតនៅ ហើយធ្វើឲ្យខ្លួនឯងក្លាយជាគំរូ។

(តាសៀ•ជំពូកទី១០)

【ការពន្យល់】

ភាពជាគំរូនៃអំពើប្រព្រឹត្តនិងពាក្យសំដីមានកម្លាំងខ្លាំងក្លាណាស់ ពោលគឺ ឧត្តមជនគួរតែមានសេចក្តីត្រាប្រណី សេចក្តីស្មោះត្រង់ មេត្តាធម៌ អំណត់អត់ធ្មត់ ហើយប្រព្រឹត្តមេត្តាធម៌ចំពោះមនុស្សទូទៅ ចេះគិតដល់ស្ថានភាពដែលអ្នកដទៃស្ថិតនៅ និងធ្វើឲ្យខ្លួនឯងក្លាយទៅជាគំរូ។ អ្វីដែលខ្លួនឯងចូលចិត្ត ចែករំលែកជាមួយអ្នកដទៃ អ្វីដែលខ្លួនឯងស្អប់ កុំបង្ខំដាក់ទៅឲ្យអ្នកដទៃ។នេះហៅថាចិត្តស្រឡាញ់និងចិត្តអាណិតអាសូរ ហើយពួកវាអាចអភិវឌ្ឍទៅជាចរិយាធម៌ក្នុងគ្រួសារ បន្ទាប់មក អាចអភិវឌ្ឍទៅជាចរិយាធម៌ក្នុងសង្គមនិងទ្រឹស្តីក្នុងនយោបាយ។

24. 絜矩之道

【原文】

所恶于上，毋以使下；所恶于下，毋以事上；所恶于前，毋以先后；所恶于后，毋以从前；所恶于右，毋以交于左；所恶于左，毋以交于右。此之谓絜矩之道。

《大学·传十章》

【释文】

如果厌恶上司对你的态度，就不要用这种态度去对待你的下属；如果厌恶下属对你的态度，就不要用这种态度去对待你的上司；如果厌恶在你前面的人对你的态度，就不要用这种态度对待在你后面的人；如果厌恶在你后面的人对你的态度，就不要用这种态度去对待在你前面的人；如果厌恶在你右边的人对你的态度，就不要用这种态度去对待在你左边的人；如果厌恶在你左边的人对你的态度，就不要用这种态度去对待在你右边的人。这就叫作推己及人、以身作则、在道德上示范于人的“絜矩之道”。

【解析】

践行“絜矩之道”（即“恕”道），重在推己及人，将心比心，处处为他人着想，并且处处以身示范，为人表率。

24. ការយកអំពើប្រព្រឹត្តខាងសីលធម៌របស់ឧត្តមជនជាគំរូដល់អ្នកដទៃ

【សេចក្តីអធិប្បាយ】

បើស្អប់ឥរិយាបថរបស់អ្នកថ្នាក់ខ្ពស់ សូមកុំប្រព្រឹត្តចំពោះអ្នកថ្នាក់ទាបរបស់ខ្លួន តាមឥរិយាបថបែបនេះ។ បើស្អប់ឥរិយាបថរបស់អ្នកមានថ្នាក់ទាប សូមកុំប្រព្រឹត្តចំពោះអ្នកថ្នាក់ខ្ពស់របស់ខ្លួន តាមឥរិយាបថបែបនេះ។ បើស្អប់ឥរិយាបថរបស់អ្នកនៅពីមុខ សូមកុំប្រព្រឹត្តចំពោះអ្នកនៅខាងក្រោយរបស់ខ្លួន តាមឥរិយាបថបែបនេះ។ បើស្អប់ឥរិយាបថរបស់អ្នកនៅខាងក្រោយ សូមកុំប្រព្រឹត្តចំពោះអ្នកនៅពីមុខខ្លួន តាមឥរិយាបថបែបនេះ។ បើស្អប់ឥរិយាបថរបស់អ្នកនៅខាងស្តាំ សូមកុំប្រព្រឹត្តចំពោះអ្នកនៅខាងឆ្វេងរបស់ខ្លួន តាមឥរិយាបថបែបនេះ។ បើស្អប់ឥរិយាបថរបស់អ្នកនៅខាងឆ្វេង សូមកុំប្រព្រឹត្តចំពោះអ្នកនៅខាងស្តាំរបស់ខ្លួន តាមឥរិយាបថបែបនេះ។ នេះហៅថា《ការយកអំពើប្រព្រឹត្តខាងសីលធម៌របស់ឧត្តមជនជាគំរូដល់អ្នកដទៃ》ពោលគឺគិតដល់ស្ថានភាពដែលអ្នកដទៃស្ថិតនៅ និងយកអំពើប្រព្រឹត្តខ្លួនធ្វើជាគំរូដល់អ្នកដទៃ។

(តាសៀ•ជំពូកទី១០)

【ការពន្យល់】

ក្នុងការអនុវត្ត《 ការយកអំពើប្រព្រឹត្តខាងសីលធម៌របស់ឧត្តមជនធ្វើជាគំរូដល់អ្នកដទៃ》 សំខាន់គឺគិតដល់ស្ថានភាពដែលអ្នកដទៃស្ថិតនៅ និងយកអំពើប្រព្រឹត្តខ្លួនធ្វើជាគំរូដល់អ្នកដទៃ។

25. 乐只君子，民之父母

【原文】

《诗》云："乐只君子，民之父母。"民之所好好之，民之所恶恶之。此之谓民之父母。

《大学·传十章》

【释文】

《诗经·小雅·南山有台》说："多么快乐的国君啊，你是老百姓的父母。"老百姓喜爱的，他也喜爱；老百姓厌恶的，他也厌恶。这样的国君就可以说是老百姓的父母了。

【解析】

这就是"与民同欲"的意思。古人认为，处在上位的执政者对待处在下位的民众，应该像父母疼爱自己的子女那样，关心他们，养育他们，疼爱他们，保护他们。

25. សាមញ្ញជនចាត់ទុកស្ដេចមួយអង្គ ដែលមានសេចក្ដីសប្បាយរីករាយក្រៃលែងជាឪពុកម្ដាយរបស់ខ្លួន

【សេចក្ដីអធិប្បាយ】

ស្នាដៃស៊ីជីង• សៀវយ៉ា• ណានសានយូវថៃ បានបញ្ជាក់ថា មានស្ដេចមួយអង្គជាស្ដេចដែលសប្បាយរីករាយក្រៃលែង ស្ដេចនោះប្រៀបដូចជាឪពុកម្ដាយរបស់សាមញ្ញជន។ ប្រយោគនេះមានន័យថា អ្វីដែលសាមញ្ញជនស្រឡាញ់ស្ដេចក៏ស្រឡាញ់ដែរ អ្វីដែលសាមញ្ញជនស្អប់ ស្ដេចក៏ស្អប់ដែរ។ ដូច្នេះហើយស្ដេចបែបនេះ គឺអាចត្រូវគេចាត់ទុកជាឪពុកម្ដាយរបស់សាមញ្ញជនបានហើយ។

(តាសៀ•ជំពូកទី១០)

【ការពន្យល់】

នេះមានន័យថា《គោលបំណងរបស់ស្ដេចដូចគ្នានឹងគោលបំណងរបស់សាមញ្ញជន》។ នៅសម័យបុរាណ ឧត្ដមជនដែលកាន់អំណាចប្រព្រឹត្តចំពោះសាមញ្ញជនដែលមានថ្នាក់ទាប ប្រៀបដូចជាឪពុកម្ដាយស្រឡាញ់កូនៗរបស់ខ្លួន យកចិត្តទុកដាក់ចំពោះពួកគាត់ បណ្ដុះបណ្ដាលពួកគាត់ ស្រឡាញ់ពួកគាត់ និងការពារពួកគាត់។

得众则得国，失众则失国

ស្ដេចណាទទួលបានការគាំទ្រពីសាមញ្ញជន ស្ដេចនោះអាចគ្រប់គ្រងប្រទេសនេះបានហើយ

ស្ដេចណាបាត់បង់ការគាំទ្រពីសាមញ្ញជន ស្ដេចនោះនឹងបាត់បងប្រទេសនេះហើយ

26. 得众则得国，失众则失国

【原文】

道得众则得国，失众则失国。

《大学·传十章》

【释文】

国君有道，得到民心就能得到国家，国君无道，失去民心就会失去国家。

【解析】

战国时期思想家荀子曾说，国君像船，人民像水，水可以把船浮起来，也可以把船掀翻。

26. ស្តេចណាទទួលបានការគាំទ្រពីសាមញ្ញជន ស្តេចនោះអាចគ្រប់គ្រងប្រទេសនេះបានហើយ ស្តេចណាបាត់បង់ការគាំទ្រពីសាមញ្ញជន ស្តេចនោះនឹងបាត់បង់ប្រទេសនេះហើយ

【សេចក្តីអធិប្បាយ】

បើស្តេចណាមានគុណធម៌ដ៏ខ្ពង់ខ្ពស់ ស្តេចនោះ មុខជានឹងទទួលបានការគាំទ្រពីសាមញ្ញជន នេះមានន័យថា ស្តេចនោះអាចគ្រប់គ្រងប្រទេសនេះបានហើយ។ បើស្តេចណាគ្មានគុណធម៌ដ៏ខ្ពង់ខ្ពស់ ស្តេចនោះមុខជានឹងបាត់បង់ការគាំទ្រពីសាមញ្ញជននេះ មានន័យថា ស្តេចនោះនឹងបាត់បង់ប្រទេសនេះហើយ។

(តាសៀ•ជំពូកទី១០)

【ការពន្យល់】

នៅសម័យបុរាណចានកុក សីលវិទូ លោក ស៊ុនជឺ បាននិយាយថា ស្តេចប្រៀបដូចទូក ប្រជាជនប្រៀបដូចទឹក ទឹកអាចបណ្តែតទូកបាន ហើយក៏អាចពន្លិចទូកនោះបានដែរ។

君子先慎乎德

ឧត្តមជនត្រូវបណ្តុះបណ្តាលសីលធម៌ខ្លួនយ៉ាងហ្មត់ចត់ជាមុនសិន

27. 君子先慎乎德

【原文】

是故君子先慎乎德。有德此有人，有人此有土，有土此有财，有财此有用。

《大学·传十章》

【释文】

品德高尚的君子首先要认真谨慎地修养品德。有良好的品德才会有人拥护，有人拥护才能保有土地，有土地才会有财富，有财富才能有钱物使用。

【解析】

孔子主张以德治国，实行德治。“德”有“道德”和“恩德”两种含义。孔子认为，实行“德治”，首要任务是在物质上给民众以恩惠（惠民）；其次，在精神上执政者要提高道德修养（爱民），并重视对民众的道德教育（化民）。这样做，天下就会大治。

27. ឧត្តមជនត្រូវបណ្ដុះបណ្ដាលសីលធម៌ខ្លួនយ៉ាងហ្មត់ចត់ជាមុនសិន

【សេចក្ដីអធិប្បាយ】

ឧត្តមជនដែលមានគុណធម៌ដ៏ខ្ពង់ខ្ពស់ ត្រូវបណ្ដុះបណ្ដាលសីលធម៌ខ្លួនឯងយ៉ាងហ្មត់ចត់ជាមុនសិន។ ទាល់តែឧត្តមជនណាមានគុណធម៌ល្អប្រសើរ ទើបឧត្តមជននោះទទួលបានការគាំទ្រពីសាមញ្ញជន ទាល់តែទទួលបានការគាំទ្រពីសាមញ្ញជន ទើបអាចមានដី ទាល់តែមានដី ទើបអាចមានទ្រព្យសម្បត្តិ ទាល់តែមានទ្រព្យសម្បត្តិ ទើបអាចមានលុយកាក់សម្រាប់ប្រើប្រាស់។

(តាសៀ•ជំពូកទី១០)

【ការពន្យល់】

លោក ខុង ជឺ យល់ថា អ្នកកាន់អំណាចគួរតែគ្រប់គ្រងនគរមួយប្រកបទៅដោយសីលធម៌។ ធម៌មានន័យថា សីលធម៌និងគុណធម៌។ រឿងសំខាន់ គឺផ្ដល់ផលប្រយោជន៍ដល់ប្រជាជនខាងផ្នែកសេដ្ឋកិច្ចជាមុនសិន បន្ទាប់មក អ្នកកាន់អំណាចលើកតម្កើងកម្រិតក្រមសីលធម៌របស់សាមញ្ញជន ហើយយកចិត្តទុកដាក់លើការអប់រំសាមញ្ញជនខាងផ្នែកសីលធម៌ ហេតុដូច្នេះ នៅទីណាក៏ពាសពេញដោយភាពសុខសាន្តក្នុងប្រទេសដែរ។

28. 德本财末

【原文】

德者，本也；财者，末也。

《大学·传十章》

【释文】

品德啊，这是根本；财富啊，这是枝末。

【解析】

在上位的人要分清本末，不可本末倒置。应将修养品德视为根本，放在首位，切不可见利忘义，疯狂敛财。

28. សីលធម៌ប្រៀបដូចជាឫសគល់ ទ្រព្យសម្បត្តិប្រៀបដូចជាមែកធាង

【សេចក្តីអធិប្បាយ】

សីលធម៌ប្រៀបដូចជាឫសគល់ ទ្រព្យសម្បត្តិប្រៀបដូចជាមែកធាង។

(តាសៀ•ជំពូកទី១០)

【ការពន្យល់】

ឧត្តមជនដែលមានអំណាច គួរតែស្គាល់ច្បាស់អំពីភាពដើមនិងភាពចុង មិនគួរធ្វើតាមរបៀបនេះទេ ពោលគឺទឹមនង្គ័លពីមុខគោ ហើយគួរតែយកការបណ្តុះបណ្តាលនូវសីលធម៌ជាឫសគល់ មិនគិតតែពីផលប្រយោជន៍និងបោះចោលយុត្តិធម៌ ហើយនិយមតែការកៀរយកទ្រព្យសម្បត្តិនោះទេ។

29. 财散民聚

【原文】

财聚则民散，财散则民聚。

《大学·传十章》

【释文】

国君聚敛财富，民心就会离散；国君散财于民，民心就会凝聚。

【解析】

这是一条重要的历史经验，也是一个颠扑不破的真理。

29. បើស្ដេចព្រមចែករំលែកទ្រព្យសម្បត្តិជាមួយប្រជារាស្ត្រសាមញ្ញ ចិត្តរបស់ប្រជារាស្ត្រសាមញ្ញនឹងផ្ដុំគ្នា បន្តិចម្ដងៗ

【សេចក្ដីអធិប្បាយ】

ប្រសិនបើស្ដេចលោភលន់ និងកៀរយកតែទ្រព្យសម្បត្តិ នឹងធ្វើឲ្យចិត្តរបស់ប្រជារាស្ត្រសាមញ្ញបំបែកបន្តិចម្ដងៗ។ ប្រសិនបើស្ដេចព្រមចែករំលែកទ្រព្យសម្បត្តិជាមួយប្រជារាស្ត្រសាមញ្ញ ចិត្តរបស់ប្រជារាស្ត្រសាមញ្ញនឹងផ្ដុំគ្នាបន្តិចម្ដងៗ។

(តាសៀ•ជំពូកទី១០)

【ការពន្យល់】

នេះគឺជាពិសោធន៍ប្រវត្តិសាស្ត្រដ៏សំខាន់មួយ ហើយក៏ជាសច្ចធម៌ដែលមិនអាចកែប្រែបាន។

仁人能爱人能恶人

ឧត្តមជនចេះស្គាល់ច្បាស់អំពីសេចក្តីស្រឡាញ់និងសេចក្តីស្អប់

30. 仁人能爱人能恶人

【原文】

唯仁人为能爱人，能恶人。

《大学·传十章》

【释文】

有仁德的君子爱憎分明，能明确地喜好善人，能明确地厌恶恶人。

【解析】

仁者不是是非善恶不分的好好先生。由于仁者以“仁”为标准来识别是非善恶，所以就会有正确的好恶爱憎。

30. ឧត្តមជនចេះស្គាល់ច្បាស់អំពីសេចក្តីស្រឡាញ់ និង សេចក្តីស្អប់

【សេចក្តីអធិប្បាយ】

ឧត្តមជនដែលមានមេត្តាធម៌និងសីលធម៌ ចេះស្គាល់ច្បាស់អំពីសេចក្តីស្រឡាញ់និងសេចក្តីស្អប់ ចេះស្រឡាញ់និងរាប់អានមនុស្សល្អ ហើយក៏ចេះស្អប់និងជៀសឆ្ងាយពីមនុស្សអាក្រក់ដែរ។

(តាសៀ•ជំពូកទី១០)

【ការពន្យល់】

ឧត្តមជនដែលមានមេត្តាធម៌មិនមែនជាមនុស្សល្អ ដែលមិនស្គាល់ច្បាស់អំពីសេចក្តីស្រឡាញ់និងសេចក្តីស្អប់ឡើយ។ ឧត្តមជនយកមេត្តាធម៌ជាស្តង់ដារសម្រាប់ស្គាល់ច្បាស់អំពីភាពត្រូវ និងភាពខុស សេចក្តីស្រឡាញ់ និងសេចក្តីស្អប់ ហេតុដូច្នេះ ឧត្តមជនជាបុគ្គលមួយរូប ដែលមានការយល់ឃើញអំពីសេចក្តីស្រឡាញ់និងសេចក្តីស្អប់ឲ្យបានយ៉ាងត្រឹមត្រូវ។

31. 忠信以得之，骄泰以失之

【原文】

是故君子有大道：必忠信以得之，骄泰以失之。生财有大道：生之者众，食之者寡，为之者疾，用之者舒，则财恒足矣。

《大学·传十章》

【释文】

因此，身为国君的君子治理国家有正确的途径：忠诚守信便一定会获得一切，骄恣放纵便一定会失去一切。增殖财富也有正确的途径：生产的人多，消费的人少；生产的人勤奋努力，消费的人节约用度。这样，财富便会经常充足。

【解析】

在上位的人治理国家，必须忠诚守信，兑现对百姓的承诺，如果骄奢淫逸，必自取灭亡。

31. ស្ដេចនឹងទទួលបានជោគជ័យ ដោយអនុវត្តតាមសេចក្ដីស្មោះត្រង់ និងការគោរពកិច្ចសន្យា ស្ដេចនឹងបាត់បង់ទាំងអស់ដោយសារការអួតក្អេងក្អាង

【សេចក្ដីអធិប្បាយ】

ស្ដេចដែលគ្រប់គ្រងប្រទេសមួយ គួរតែគ្រប់គ្រងតាមនយោបាយដ៏ត្រឹមត្រូវ។ ស្ដេចនឹងទទួលបានជោគជ័យដោយអនុវត្តតាមសេចក្ដីស្មោះត្រង់ និងការគោរពនូវកិច្ចសន្យា។ ស្ដេចនឹងបាត់បង់ទាំងអស់ ដោយសារការអួតក្អេងក្អាង។ ចំពោះការរកទ្រព្យសម្បត្តិ ក៏មានមធ្យោបាយត្រឹមត្រូវដែរ ដូចជាអ្នកផលិតច្រើន តែអតិថិជនតិច ឬអ្នកផលិតខិតខំព្យាយាមផលិត តែអតិថិជនសន្សំសំចៃ ហេតុដូច្នេះអាចបន្សល់ទុកទ្រព្យសម្បត្តិឲ្យបានគ្រប់គ្រាន់។

(តាសៀ•ជំពូកទី១០)

【ការពន្យល់】

ឧត្តមជនដែលមានអំណាចដឹកនាំប្រទេសមួយ គួរតែមានសេចក្ដីស្មោះត្រង់និងភាពសុចរិត ហើយសម្រេចបាននូវពាក្យសន្យា ចំពោះប្រជារាស្ត្រសាមញ្ញ បើចាយខ្ជះខ្ជាយនិងប្រព្រឹត្តខុសពីគន្លងធម៌ប្រពៃណី មុខជានឹងវិនាសសាបសូន្យ។

32. 仁者以财发身，不仁者以身发财

【原文】

仁者以财发身，不仁者以身发财。未有上好仁而下不好义者也，未有好义其事不终者也，未有府库财非其财者也。

《大学·传十章》

【释文】

仁爱的人仗义疏财以成名起家，不仁的人不惜以生命为代价去敛钱发财。没有在上位的人喜好仁德而在下位的人却不喜好忠义的，没有喜好忠义而为国君做事却半途而废的，没有不将府库里的财物当成自己财物而加以保护的。

【解析】

孔子对“义”和“利”，有着非常辩证的看法。他认为居上位的“君子”，如果为谋一己之私利而抛弃道义，就会招致民众的怨

32. បុគ្គលដែលមានមេត្តាធម៌ល្បីឈ្មោះ ដោយយកទ្រព្យសម្បត្តិខ្លួនឯងមកជួយដល់អ្នកដទៃ រីឯបុគ្គលដែលគ្មានមេត្តាធម៌វិញ និយមរកស៊ីតាមការប្រមូលទ្រព្យសម្បត្តិពីអ្នកដទៃដោយយកពលីកម្មមកធ្វើជាកម្រៃ

【សេចក្តីអធិប្បាយ】

បុគ្គលដែលមានមេត្តាធម៌ល្បីឈ្មោះ ដោយយកទ្រព្យសម្បត្តិខ្លួនឯងមកជួយអ្នកដទៃ រីឯបុគ្គលដែលគ្មានមេត្តាធម៌វិញ និយមរកស៊ីតាមការប្រមូលនូវទ្រព្យសម្បត្តិពីអ្នកដទៃ ដោយយកពលីកម្មមកធ្វើជាកម្រៃ។ ឧត្តមជនដែលមានអំណាចណា មានមេត្តាធម៌និងសីលធម៌ តែអ្នកដែលមានថ្នាក់ទាបគ្មានសេចក្តីស្មោះត្រង់និងយុត្តិធម៌ អ្នកដែលគ្មានសេចក្តីស្មោះត្រង់ និងយុត្តិធម៌បម្រើស្តេច តែអ្នកនោះតែងតែធ្វើការឈប់នៅពាក់កណ្តាលផ្លូវ មិនឲ្យចប់ចុងចប់ដើមឡើយ ហើយក៏គ្មានអ្នកណា ដែលមិនទុកទ្រព្យសម្បត្តិក្នុងឃ្លាំងជាតិជារបស់ខ្លួនឯងដើម្បីយកមកការពារនោះដែរ។

(តាសៀ•ជំពូកទី១០)

【ការពន្យល់】

លោក ខុង ជឺ មានយោបល់ដ៏ត្រឹមត្រូវចំពោះ《យុត្តិធម៌》និង《ផលប្រយោជន៍》។ លោកយល់ថា បើឧត្តមជនដែលមានអំណាចនិងឫទ្ធានុភាពបោះបង់ចោលសីលធម៌និងយុត្តិធម៌ ដើម្បីយកផលប្រយោជន៍ផ្ទាល់ខ្លួនឯងនោះនឹងធ្វើឲ្យប្រជារាស្ត្រសាមញ្ញខឹងសម្បាចំពោះគាត់វិញ។ ដូច្នេះហើយបានជា ឧត្តមជនគួរតែផ្តល់នូវផលប្រយោជន៍ដល់ប្រជារាស្ត្រសាមញ្ញ ដោយយកសីលធម៌និងយុត្តិធម៌ ឧត្តមជននោះនឹងទទួលបានការគាំទ្រពីប្រជារាស្ត្រសាមញ្ញ

恨。君子应该根据道义去“利民”，这样一来就会得到民众的拥护，这就叫作“以义为利”。长期以来，儒家都十分重视公私之分，义利之辨，认为这是修身和从政一个重要的原则问题。

នេះហៅថា《យកមេត្តាធម៌និងយុត្តិធម៌ជារឿងសំខាន់》។ តាំងពីយូរណាស់មកហើយ លទ្ធិខុងជឺ យកចិត្តទុកដាក់លើវិស័យរដ្ឋនិងឯកជន យុត្តិធម៌និងផលប្រយោជន៍ ហើយយល់ថានេះគឺជាគោលការណ៍មួយដ៏សំខាន់សម្រាប់បណ្តុះបណ្តាលខ្លួនឲ្យមានគុណធម៌និងធ្វើនយោបាយ។

以义为利

ការយកមេត្តាធម៌និងយុត្តិធម៌ជារឿងសំខាន់

33. 以义为利

【原文】

国不以利为利，以义为利也。

《大学·传十章》

【释文】

治理一个国家的君主不应该以财货为利益，而应该以仁义为利益。

【解析】

在上位的人不应聚敛财富，谋取私利，而应施行仁义，造福社会和人民。

33. ការយកមេត្តាធម៌និងយុត្តិធម៌ជារឿងសំខាន់

【សេចក្ដីអធិប្បាយ】

ស្ដេចដែលគ្រប់គ្រងនគរមួយមិនគួរគិតតែពីកេងយកផលប្រយោជន៍និងទ្រព្យសម្បត្តិជារឿងសំខាន់នោះទេ គួរតែយកមេត្តាធម៌ និងយុត្តិធម៌ជារឿងសំខាន់។

(តាសៀ•ជំពូកទី១០)

【ការពន្យល់】

ឧត្តមជនដែលមានឫទ្ធានុភាពនិងអំណាច មិនគួរគិតតែពីគៀរយកទ្រព្យសម្បត្តិពីប្រជារាស្ត្រ និងគិតតែពីកេងយកផលប្រយោជន៍ផ្ទាល់ខ្លួនជារឿងសំខាន់នោះទេ គួរតែប្រព្រឹត្តតាមមេត្តាធម៌និងយុត្តិធម៌ ហើយយកការផ្ដល់ផលប្រយោជន៍ដល់ប្រជាជននិងសង្គមជាតិជារឿងសំខាន់។

中庸選譯

ការបកប្រែខ្លះៗពីស្នាដៃជុងយុង

天命之谓性

អ្វីដែលមនុស្សមានជាប់នឹងខ្លួនតាំងពីកំណើតមក ហៅថា《ស៊ីង》(សភាវធម៌)

1. 天命之谓性

【原文】

天命之谓性，率性之谓道，修道之谓教。

《中庸·第一章》

【释文】

人的自然禀赋（本然之善）叫作“性”，顺着本性去做（执中守正）叫作“道”，按照“道”的原则修身养性叫作“教”。

【解析】

这句意思是说，中庸（中和）之道原本就存在于天赋的本性中，为人性之所固有，顺着本性行事，就是正道、达道——中庸（中和）之道。人们据此修养自己和教化他人，就叫作“教”。人们应当重视本性中的本然之善（执中守正，折中致和），自觉地去保有它，养护它。

1. អ្វីដែលមនុស្សមានជាប់នឹងខ្លួនតាំងពីកំណើតមក ហៅថា《ស៊ីង》(សភាវធម៌)

【សេចក្តីអធិប្បាយ】

អ្វីដែលមនុស្សមានជាប់នឹងខ្លួនតាំងពីកំណើតមកហៅថា《ស៊ីង》(សភាវធម៌) ការធ្វើអ្វីៗដោយយោងទៅតាមលក្ខណៈមួយនេះ(ស៊ីង)ហៅថា《តៅ》(ផ្លូវ) ការធ្វើឲ្យកាយនិងចិត្តមានលក្ខណៈល្អប្រសើរឡើងដោយយោងទៅតាមគោលការណ៍នៃ《តៅ》 ហៅថា《ជាវ》(បង្រៀន)។

(ជុងយុង•ជំពូកទី១)

【ការពន្យល់】

ខ្លឹមសារនៃទស្សនវិជ្ជាជុងយុងមានជាប់នឹងសភាវធម៌របស់មនុស្សតាំងពីកំណើត ការធ្វើការពីលក្ខណៈសភាវធម៌ហៅថាផ្លូវត្រូវ។ ការបណ្តុះបណ្តាលឲ្យខ្លួនមានសីលធម៌និងការប្រៀនប្រដៅពីអ្នកដទៃតាមគោលការណ៍នៃផ្លូវត្រូវហៅថា《ជាវ》(បង្រៀន)។ មនុស្សគួរតែយកចិត្តទុកដាក់លើសភាវធម៌ដ៏ល្អប្រសើរ គោរពតាមភាពមិនលម្អៀងនិងដើរតាមផ្លូវត្រូវ គោរពតាមមជ្ឈិមប្បដិបទា ហើយរក្សាទុកនិងការពារឲ្យបានល្អជានិច្ច។

2. 道不可须臾离

【原文】

道也者，不可须臾离也。

《中庸·第一章》

【释文】

“道”是不可以片刻离开的。

【解析】

中庸（中和）之道同我们每一个人都有非常密切的关系，像吃饭穿衣一样，在日常生活中我们不可以片刻离开它。

2. ទស្សនវិជ្ជាជុងយុងមិនអាចផ្តាច់ទំនាក់ទំនងពីលោកនេះបានទេ សូម្បីតែមួយនាទី

【សេចក្តីអធិប្បាយ】

ទស្សនវិជ្ជាជុងយុង មិនអាចផ្តាច់ទំនាក់ទំនងពីលោកនេះបានទេ សូម្បីតែមួយនាទី។

(ជុងយុង•ជំពូកទី១)

【ការពន្យល់】

ទស្សនវិជ្ជាជុងយុង មានទំនាក់ទំនងជាមួយមនុស្សក្នុងលោកនេះយ៉ាងជិតស្និទ្ធ ហើយមិនអាចផ្តាច់ទំនាក់ទំនងពីការរស់នៅនេះបានទេ ដូចជាក្នុងការញុំាបាយនិងការស្លៀកពាក់។

3. 中为天下之大本，和为天下之达道

【原文】

中也者，天下之大本也；和也者，天下之达道也。

《中庸·第一章》

【释文】

执中守正，是天下一切情感和道理的根本；折中致和，是天下一切事物的普遍原则。

【解析】

《中庸》从人的性情来阐释“中庸（中和）”之道。当“喜怒哀乐”未发之时，人的性情自然是中正不偏的，这就是“中”（是先天的禀赋）；而一旦接触了外物，有了“喜怒哀乐”之情，但抒发出来都合乎“执两用中”，并且“无过无不及”，这就是“和”，是后天教化所获。可见，“中庸（中和）”之道是天下一切情感和道理的根本，也是天下一切事物的普遍原则。

3. ការគោរពតាមភាពមិនលម្អៀង គឺជាការពិតនៃអ្វីៗទាំងអស់នៅក្នុងលោក ការគោរពតាមមជ្ឈិមប្បដិបទាគឺជាគោលការណ៍ទូទៅនៃអ្វីៗទាំងអស់ក្នុងលោក

【សេចក្តីអធិប្បាយ】

ការគោរពតាមភាពមិនលម្អៀងនិងការដើរតាមផ្លូវត្រូវគឺជាការពិតនៃអ្វីៗទាំងអស់នៅក្នុងលោក ការគោរពតាមមជ្ឈិមប្បដិបទាគឺជាគោលការណ៍ទូទៅនៃអ្វីៗទាំងអស់ក្នុងលោក។

(ជុងយុង•ជំពូកទី១)

【ការពន្យល់】

ស្ពាដៃជុងយុង អធិប្បាយពីទស្សនវិជ្ជា ដោយបុគ្គលិកលក្ខណៈ និងអារម្មណ៍។ ទោះបីជាមនុស្សម្នាមិនទាន់បញ្ចេញឲ្យឃើញនូវអារម្មណ៍ទាំងនេះដូចជា សេចក្តីសប្បាយរីករាយ សេចក្តីខឹងសម្បា សេចក្តីខូចចិត្ត និងសេចក្តីត្រេកអរក៏ដោយ ក៏សភាវធម៌របស់មនុស្សកើតមានឡើងតាំងពីកំណើតដែរ។ កាលណាទាក់ទងជាមួយនឹងអ្វីៗទាំងអស់ក្នុងលោក ក៏មានអារម្មណ៍ទាំងនេះហើយ ដូចជា សេចក្តីសប្បាយ សេចក្តីខឹងសម្បា សេចក្តីខូចចិត្តនិងសេចក្តីត្រេកអរ ដែលស្របនឹងភាពមិនលម្អៀង គ្មានភាពហួសហេតុ និងគ្មានភាពធ្វើទៅមិនដល់ នេះហៅថាតុល្យភាព ដែលទទួលយកចំណេះដឹងបែបនេះតាមរយៈការប្រៀនប្រដៅពីអ្នកដទៃ និងការប្រឹងប្រែងរបស់ខ្លួនតាមក្រោយ។ ដូចនេះហើយ ទស្សនវិជ្ជាជុងយុងគឺជាការពិតនៃអ្វីៗទាំងអស់នៅក្នុងលោក ក៏ជាគោលការណ៍ទូទៅនៃអ្វីៗទាំងអស់ក្នុងលោកដែរ។

致中和

ការទៅដល់កម្រិតតុល្យភាព

4. 致中和

【原文】

致中和，天地位焉，万物育焉。

《中庸·第一章》

【释文】

达到“中和”的境界，天地便各在其位了，万物便生长繁育了。

【解析】

如果在宇宙万物中，在人类世界里，都能践行中庸（中和）之道，就会达到“天地位”和“万物育”的极致。这就是中庸（中和）之道的神功造化。

4. ការទៅដល់កម្រិតតុល្យភាព

【សេចក្តីអធិប្បាយ】

ពេលទៅដល់កម្រិតតុល្យភាព ទើបមេឃនិងទឹកដី អាចបំពេញតួនាទីរបស់ពួកវា ហើយអាចនាំឲ្យមានភាវៈទាំងឡាយកើតឡើងបានក្នុងលោក។

(ផុងយុង•ជំពូកទី១)

【ការពន្យល់】

ទោះបីជាស្ថិតនៅក្នុងអ្វីៗទាំងអស់ នៅក្នុងលោកក្តី ស្ថិតនៅក្នុងពិភពរបស់មនុស្សជាតិក្តី ក៏អាចដំណើរការតាមទស្សនវិជ្ជាផុងយុងបាន ហើយនឹងដល់បទដ្ឋាននៃ《ធម្មជាតិនិងសង្គមអាចបំពេញតួនាទីរបស់ពួកវា》និង《ការនាំឲ្យមានភាវៈទាំងឡាយកើតឡើងបានក្នុងពិភពលោក》។ មូលហេតុគឺមកពីប្រសិទ្ធិភាពនៃទស្សនវិជ្ជាផុងយុង។

君子中庸

ឧត្តមជនតែងតែគោរពតាមទស្សនវិជ្ជាជុងយុង

ចំណែកមនុស្សថោកទាបវិញ តែងតែប្រឆាំងនឹងទស្សនវិជ្ជាជុងយុង

5. 君子中庸

【原文】

君子中庸，小人反中庸。

《中庸·第二章》

【释文】

君子总是按中庸行事，小人总是违背中庸。

【解析】

中庸（中和）之道可以作为分界线，来区分“君子”与“小人”。这是因为君子每时每刻都能持守中道，这是君子的操守。至于道德低下的“小人”，则是肆无忌惮地“反中庸”，他们情绪偏激，好走极端，露才扬己，肆意妄为。他们总是与中庸之道背道而驰。

5. ឧត្តមជនតែងតែគោរពតាមទស្សនវិជ្ជាជុងយុង ចំណែកមនុស្សថោកទាបវិញ តែងតែប្រឆាំងនឹងទស្សនវិជ្ជាជុងយុង

【សេចក្តីអធិប្បាយ】

ឧត្តមជនតែងតែគោរពតាមទស្សនវិជ្ជាជុងយុង ចំណែកមនុស្សថោកទាបវិញ តែងតែប្រឆាំងនឹងទស្សនវិជ្ជាជុងយុង។

(ជុងយុង•ជំពូកទី២)

【ការពន្យល់】

ទស្សនវិជ្ជាជុងយុង អាចបង្ហាញពីភាពខុសគ្នារវាង《ឧត្តមជន》 និង《មនុស្សថោកទាប》ដោយសារឧត្តមជនតែងតែគោរពតាមទស្សនវិជ្ជាជុងយុងគ្រប់ពេលវេលា ហើយនេះក៏ជាកិរិយាមារយាទរបស់ឧត្តមជនដែរ។ ចំណែកមនុស្សថោកទាបវិញ មានកម្រិតសីលធម៌ទាបជាង ហើយប្រឆាំងនឹងទស្សនវិជ្ជាជុងយុងទៀត ដូចជា មានអារម្មណ៍អច្ចន្តភាព និយមធ្វើហួសហេតុបំផុត អួតក្អេងក្អាងពីសមត្ថភាពរបស់ខ្លួនឯង ប្រព្រឹត្តអំពើអាក្រក់ឬខុសច្បាប់ដោយតាមតែបំណងរបស់ខ្លួន និយាយរួមទៅ គឺមនុស្សថោកទាបតែងតែប្រឆាំងនឹងទស្សនវិជ្ជាជុងយុងជានិច្ច។

6. 君子而时中

【原文】

君子之中庸也，君子而时中。

《中庸·第二章》

【释文】

君子之所以总是按中庸行事，是因为君子总能因时制宜按照当时情况做到执中守正，无过无不及。

【解析】

道德高尚的“君子”，因为有君子之德，所以能“时中”，即“随时以处中”。也就是说，君子总能因时制宜，根据不同时间、不同地点、不同情况、不同条件，或执中守正，或折中致和，从而总能处在“不偏不倚”“无过无不及”的中正位置上。因此，君子每时每刻都能持守中道，这是君子的操守。

6. ឧត្តមជនតែងតែចេះស្វែងរកមធ្យោបាយដ៏ល្អមួយស្របតាមកាលៈទេសៈ ដើម្បីគោរពតាមភាពមិនលម្អៀងនិងដើរតាមផ្លូវត្រូវ

【សេចក្តីអធិប្បាយ】

ឧត្តមជនតែងតែគោរពតាមទស្សនវិជ្ជាជុងយុង មកពីឧត្តមជនតែងតែចេះស្វែងរកមធ្យោបាយដ៏ល្អមួយស្របតាមកាលៈទេសៈ ដើម្បីគោរពតាមភាពមិនលម្អៀងនិងដើរតាមផ្លូវត្រូវ គោរពតាមគោលការណ៍គ្មានភាពមិនហួសនិងគ្មានភាពទៅមិនដល់។

(ជុងយុង•ជំពូកទី២)

【ការពន្យល់】

ឧត្តមជនមានគុណធម៌ដ៏ខ្ពង់ខ្ពស់ ហើយចេះគោរពតាមទស្សនវិជ្ជាជុងយុងគ្រប់ពេលវេលាទៀត។ ពោលមួយបែបទៀតថា ឧត្តមជនចេះស្វែងរកមធ្យោបាយល្អមួយស្របតាមកាលៈទេសៈនិងចេះរកដំណោះស្រាយស្របតាមពេលវេលាខុសគ្នា ទីកន្លែងខុសគ្នា ករណីខុសគ្នា និងលក្ខណៈខុសគ្នា។ ឧត្តមជនចេះគោរពតាមភាពមិនលម្អៀង និងដើរតាមផ្លូវត្រូវ និងគោរពតាមមជ្ឈិមប្បដិបទា ហើយក៏ចេះធ្វើឲ្យខ្លួនស្ថិតនៅទីកន្លែងប្រកបដោយភាពមិនលម្អៀង គ្មានភាពមិនហួសនិងគ្មានភាពទៅមិនដល់ទៀត។ដូចនេះហើយបានជា ឧត្តមជនតែងតែចេះគោរពតាមទស្សនវិជ្ជាជុងយុងគ្រប់ពេលវេលា នេះគឺជាកិរិយាមារយាទរបស់ឧត្តមជន។

7. 中庸其至矣乎

【原文】

中庸其至矣乎！

《中庸·第三章》

【释文】

中庸之道大概是最高的德行了吧！

【解析】

孔子认为中庸之德，是最高的境界，但一般人难于执守，往往不是“过”就是“不及”，“过则失中，不及则未至”（过则偏离了中，不及则未达到中），这是由于教化缺失所致，因此孔子发出深深的感叹。

7. ទស្សនវិជ្ជាជុងយុងគឺជាកម្រិតក្រមសីលធម៌ដ៏ខ្ពស់បំផុត

【សេចក្តីអធិប្បាយ】

ទស្សនាវិជ្ជាជុងយុង គឺជាកម្រិតក្រមសីលធម៌ដ៏ខ្ពស់បំផុត។

(ជុងយុង•ជំពូកទី៣)

【ការពន្យល់】

ខុង ជឺ យល់ថា ជុងយុងគឺជាក្រមសីលធម៌ដែលមានកម្រិតដ៏ខ្ពស់បំផុត តែមនុស្សធម្មតា ពិបាកគោរពនិងប្រតិបត្តិ ដូចជា《ប្រតិបត្តិដោយភាពហួស》ឬ《ភាពទៅមិនដល់》។《ការធ្វើឲ្យហួសហេតុមានន័យថា លម្អៀងឆ្ងាយពីតុល្យភាព ការធ្វើឲ្យទៅមិនដល់មានន័យថា មិនទាន់ដល់តុល្យភាព》។ នេះគឺមកពីការបណ្តុះបណ្តាលឲ្យខ្លួនមានសីលធម៌មិនបានល្អនាពេលមុន និងការប្រៀនប្រដៅពីអ្នកដទៃមិនបានល្អនាពេលមុន ដូច្នេះហើយបានជា ខុង ជឺ មានតែការសោកស្តាយប៉ុណ្ណោះ។

道之不行与不明

ការប្រតិបត្តិទស្សនវិជ្ជាជុងយុងមិនកើតនិងការសាយភាយទស្សនវិជ្ជាជុងយុងមិនកើត

8. 道之不行与不明

【原文】

道之不行也，我知之矣，知者过之，愚者不及也。道之不明也，我知之矣，贤者过之，不肖者不及也。

《中庸·第四章》

【释文】

中庸之道不能实行的原因，我知道了，那些所谓“聪明过头”的人总是思想偏激看法过了头，而愚昧的人认识又跟不上因而不能理解它。中庸之道不能弘扬的原因，我知道了，那些所谓“贤能超群”的人总是做得太过分，而不贤的人根本做不到。

【解析】

孔子这番话，重在告诫人们，无论看问题还是做事情，须知“过犹不及”（“过头”和“赶不上”一样，都偏离了中道），因而不可偏激，不要走极端，而应从容适度，恪守中道。

៨. ការប្រតិបត្តិទស្សនវិជ្ជាជុងយុងមិនកើត និងការសាយភាយទស្សនវិជ្ជាជុងយុងមិនកើត

【សេចក្តីអធិប្បាយ】

ការប្រតិបត្តិទស្សនវិជ្ជាជុងយុងមិនកើតដោយសារមាន《មនុស្សឈ្លាសវៃហួស》 មួយចំនួនដែលមានគំនិតអច្ចន្តភាព ហើយបញ្ចេញយោបល់ឬមតិយ៉ាងវៃឆ្លាតហួសពេកជានិច្ច ចំណែកមនុស្សល្ងង់វិញ មិនយល់អត្ថន័យរបស់ទស្សនវិជ្ជាជុងយុងនោះសោះ មកពីមនុស្សល្ងង់នោះគ្មានចំណេះដឹង។ ការសាយភាយទស្សនវិជ្ជាជុងយុងមិនកើតដោយសារ《មនុស្សដែលមានសីលធម៌ដ៏ខ្ពង់ខ្ពស់និងមានសមត្ថភាពលើសលប់នោះ》 តែងតែធ្វើហួសពេក ឯមនុស្សគ្មានគុណធម៌វិញ ពួកគេមិនដែលសម្រេចបានសោះឡើយ។

(ជុងយុង•ជំពូកទី៤)

【ការពន្យល់】

ពាក្យសម្តីរបស់ ខុង ជឺ បានទូន្មាននិងបញ្ជាក់ថា ទោះជាស្វែងយល់អំពីបញ្ហាក្តី ធ្វើការក្តី គួរតែដឹងពីអវិជ្ជមាននៃ《ភាពហួសហេតុនិងភាពទៅមិនដល់》ដែលលម្អៀងឆ្ងាយពីទស្សនវិជ្ជាជុងយុង ហេតុដូច្នេះ យើងមិនគួរធ្វើការហួសហេតុ មិនគួរធ្វើតាមគំនិតអច្ចន្តភាពទេ គួរតែចេះស្ងប់ចិត្តនិងធ្វើការឲ្យត្រឹមត្រូវ ហើយគោរពនិងអនុវត្តតាមភាពមិនលម្អៀងទៀត។

舜好问而好察迩言，隐恶而扬善

ស្តេចស៊ុនតែងតែសួរសំណួរទៅអ្នកដទៃ ហើយក៏ពូកែវិភាគអត្ថន័យពាក្យសម្តីរបស់អ្នកដទៃដែរ

ក៏និយមលាក់បាំងអំពើអាក្រក់និងផ្សព្វផ្សាយអំពើល្អរបស់អ្នកដទៃដែរ

9. 舜好问而好察迩言，隐恶而扬善

【原文】

舜好问而好察迩言，隐恶而扬善。

《中庸·第六章》

【释文】

舜喜欢向人问问题，又善于分析别人浅近话语里的含义。他待人宽厚，从不渲染别人的不善，但总是宣扬别人的善。

【解析】

“好问而好察迩言”，用今天的话来说就是善于调查研究，一切从实际出发。“隐恶而扬善”，则是宅心仁厚，有仁爱宽厚之心，厚德载物，能包容万物。

៩. ស្ដេចស៊ូនតែងតែសួរសំណួរទៅអ្នកដទៃ ហើយក៏ពូកែវិភាគអត្ថន័យពាក្យសម្ដីរបស់អ្នកដទៃដែរ ក៏និយមលាក់បាំងអំពើអាក្រក់និងផ្សព្វផ្សាយអំពើល្អរបស់អ្នកដទៃដែរ

【សេចក្ដីអធិប្បាយ】

ស្ដេចស៊ូនតែងតែសួរសំណួរទៅអ្នកដទៃ ហើយក៏ពូកែវែកញែកនិងវិភាគអត្ថន័យពាក្យសម្ដីរបស់អ្នកដទៃដែរ។ ស្ដេចស៊ូនមានចិត្តធូន់និងសេចក្ដីស្មោះសរចំពោះអ្នកដទៃ ហើយមិនដែលនិយាយដើមគេសោះឡើយ សូម្បីតែមួយពាក្យឬមួយប្រយោគ តែស្ដេចស៊ូនតែងតែកោតសរសើរអ្នកដទៃជានិច្ច។

(ជុងយុង•ជំពូកទី៦)

【ការពន្យល់】

《ស្ដេចស៊ូនតែងតែសួរសំណួរទៅអ្នកដទៃ ហើយក៏ពូកែវិភាគអត្ថន័យពាក្យសម្ដីរបស់អ្នកដទៃ》 ប្រយោគនេះមានន័យថា យើងក៏គួរតែពូកែស៊ើបអង្កេតនិងស្រាវជ្រាវអំពីរឿងរ៉ាវផ្សេងៗ តាមកាលៈទេសៈដែរ។ 《ស្ដេចស៊ូនក៏និយមលាក់បាំងអំពើអាក្រក់និងផ្សព្វផ្សាយអំពើល្អរបស់អ្នកដទៃដែរ》ប្រយោគនេះមានន័យថា ឧត្តមជនមានមេត្តាធម៌ សេចក្ដីស្រឡាញ់ ធូន់ចិត្តនិងសេចក្ដីស្មោះសរ ម្យ៉ាងទៀតឧត្តមជនដែលមានគុណធម៌ដ៏ខ្ពង់ខ្ពស់ អាចទទួលបានកិច្ចការយ៉ាងសំខាន់ដែរ។

10. 执其两端，用其中于民

【原文】

执其两端，用其中于民。

《中庸·第六章》

【释文】

舜善于掌握过与不及两端的意见及方方面面的情况，通过折中调和，确定中正恰当的决策，而施行于老百姓。

【解析】

“执其两端，用其中于民”，是说凡事都先弄清楚事物或问题两个极端（或对立的两个方面）的情况，弄清楚事物或问题方方面面的情况，然后通过折中调和，找出“中正”“中和”的办法，运用到民众身上，这就叫作“执两用中”，“折中致和”，无“过”也无“不及”，是中庸之道作为方法论的精髓。

10. ស្តេចស៊ូនពូកែវិភាគពីភាពហួស និងភាពមិនទៅដល់ និងបង្រៀនទៅដល់សាមញ្ញជន ដែលចេះប្រតិប័ទមជ្ឈិមប្បដិបទា

【សេចក្តីអធិប្បាយ】

ស្តេច ស៊ូន ពូកែវិភាគពីភាពហួសនិងភាពមិនទៅដល់ ពូកែវិភាគបញ្ហាតាមកាលៈទេសៈគ្រប់យ៉ាង ហើយក៏ពូកែសម្រុះសម្រួល និងជ្រើសរើសយកមធ្យោបាយដ៏ត្រឹមត្រូវមួយ ព្រមទាំងបង្រៀនទៅដល់សាមញ្ញជន ដែលចេះប្រតិប័ទមជ្ឈិមប្បដិបទាផងដែរ។

(ជុងយុង•ជំពូកទី៦)

【ការពន្យល់】

កាលណាពិនិត្យមើលបញ្ហាអ្វីមួយ យើងគួរតែវិភាគឲ្យបានច្បាស់លាស់ពីវិជ្ជមាននិងអវិជ្ជមាននៃរឿងរ៉ាវឬបញ្ហាណាមួយនោះ និងវិភាគឲ្យបានច្បាស់លាស់ អំពីស្ថានភាពគ្រប់យ៉ាងនៃរឿងរ៉ាវ ឬបញ្ហាណាមួយនោះជាមុនសិន បន្ទាប់មក សម្រុះសម្រួលនិងជ្រើសរើសយកមធ្យោបាយមួយដ៏ត្រឹមត្រូវ តាមគោលការណ៍ 《យុត្តិធម៌》 និង 《តុល្យភាព》 ហើយបង្រៀនទៅដល់សាមញ្ញជន ដែលចេះប្រតិប័ទមជ្ឈិមប្បដិបទា នេះគឺជាទ្រឹស្តីដ៏សំខាន់អំពីវិធីសាស្ត្រនៃទស្សនវិជ្ជាជុងយុង ដូចជា《ការគោរពតាមភាពមិនលម្អៀង》《ការគោរពមជ្ឈិមប្បដិបទា》《គ្មានភាពហួសហេតុ》《គ្មានភាពទៅមិនដល់》។

11. 择乎中庸，而不能期月守

【原文】

人皆曰“予知”，择乎中庸，而不能期月守也。

《中庸·第七章》

【释文】

人人都说“我很聪明，我都知道”，可是选择了中庸之道却连一个月的时间也不能坚持。

【解析】

中庸之道，重在践行。

11. តាំងពីរៀនទ្រឹស្តីនៃទស្សនវិជ្ជាជុងយុងមក គ្មានអ្នកណាអាចប្រកាន់ខ្ជាប់នូវទស្សនវិជ្ជាជុងយុង អស់រយៈពេលមួយខែបានឡើយ ក៏ឈប់ប្រកាន់ហើយ

【សេចក្តីអធិប្បាយ】

មនុស្សម្នាក់ៗតែងតែនិយាយថា《ខ្ញុំឆ្លាតណាស់ ខ្ញុំដឹងអស់ហើយ》ប៉ុន្តែចាប់តាំងពីរៀនទ្រឹស្តីនៃទស្សនវិជ្ជាជុងយុងមក គ្មានអ្នកណាអាចប្រកាន់ខ្ជាប់នូវទស្សនវិជ្ជាជុងយុងអស់រយៈពេលមួយខែបានឡើយ ក៏ឈប់ប្រកាន់ហើយ។

(ជុងយុង•ជំពូកទី៧)

【ការពន្យល់】

ភាពសំខាន់នៃទស្សនវិជ្ជាជុងយុងគឺអនុវត្តន៍។

拳拳服膺而弗失

ទោះបីទទួលយកចំណេះដឹងបន្តិចបន្តួចពីទស្សនវិជ្ជាជុងយុងយ៉ាងណាក៏ដោយ
ក៏ យែន ហួយ ចាំក្នុងចិត្តរហូត ជឿយ៉ាងស្មោះត្រង់ ហើយមិនចង់បោះបង់វាចោលឡើយ

12. 拳拳服膺而弗失

【原文】

回之为人也，择乎中庸，得一善，则拳拳服膺而弗失之矣。

《中庸·第八章》

【释文】

颜回的为人是这样的，他选择了中庸之道，只要得到了一点好处，就会把中庸之道牢记在心，诚恳信奉，再也不让它失去。

【解析】

颜回是孔子最优秀的学生，常受到孔子称赞。孔子说他选择了“中庸”，得“一善”，有了成效，便一辈子记住并终身奉行。颜回实为既能“明道”又能“行道”的典范。

12. ទោះបីទទួលយកចំណេះដឹងបន្តិចបន្តួច ពីទស្សនវិជ្ជាជុងយុងយ៉ាងណាក៏ដោយ ក៏ យេន ហួយ ចាំក្នុងចិត្តរហូត ជឿយ៉ាងស្មោះត្រង់ ហើយមិនចង់បោះបង់វាចោលឡើយ

【សេចក្តីអធិប្បាយ】

លោក យេន ហួយ គឺជាមនុស្សមួយបែប ដែលរៀននិងប្រកាន់ខ្ជាប់នូវទស្សនវិជ្ជាជុងយុង ទោះបីទទួលយកចំណេះដឹងបន្តិចបន្តួចពីទស្សនវិជ្ជាជុងយុងយ៉ាងណាក៏ដោយ ក៏ យេន ហួយ ចាំក្នុងចិត្តរហូត ជឿយ៉ាងស្មោះត្រង់ ហើយមិនចង់បោះបង់វាចោលឡើយ។

(ជុងយុង•ជំពូកទី៨)

【ការពន្យល់】

យេន ហួយ ជាសិស្សដ៏ល្អបំផុតរបស់ ខុង ជឺ ត្រូវ ខុង ជឺ កោតសរសើរជារឿយៗ។ ខុង ជឺ បាននិយាយថា យេន ហួយ រៀនចេះទស្សនាវិជ្ជាជុងយុង បានន័យថារៀនចេះទ្រឹស្តីដ៏ល្អប្រសើរមួយសម្រាប់អនុវត្ត បើមានប្រសិទ្ធិភាពគួរតែចាំនិងអនុវត្តអស់មួយជីវិត។ យេន ហួយ ជាគំរូដែលចេះ《ឈ្វេងយល់សីលធម៌》 ក៏ចេះ《អនុវត្តសីលធម៌》។

君子和而不流，中立而不倚

ឧត្តមជនមានចរិតស្លូតបូត មិនខ្វះវិនិច្ឆ័យ មិនធ្វើតាមអ្នកដទៃផង
ហើយការគោរពតាមយុត្តិធម៌និងភាពមិនលម្អៀងទៀត

13. 君子和而不流，中立而不倚

【原文】

君子和而不流，强哉矫！中立而不倚，强哉矫！国有道，不变塞焉，强哉矫！国无道，至死不变，强哉矫！

《中庸·第十章》

【释文】

品德高尚的君子性情平和但不随波逐流，这才是真正的坚强啊！持守中正而不偏不倚，这才是真正的坚强啊！国家政治清平时不改变志向，这才是真正的坚强啊！国家政治黑暗时坚持操守，宁死不变，这才是真正的坚强啊！

【解析】

孔子弟子子路一向好勇逞强，孔子针对子路之问，提出“北方之强”与“南方之强”加以辨析，并告诉子路，应当“和而不流”，“中立而不倚”，任何时候都不改变原有的“中正”“中和”的操守，这才是真正的“强”。孔子曾说，君子有勇而无义就会搞叛乱，

13. ឧត្តមជនមានចរិតស្លូតបូត មិនខ្វះវិនិច្ឆ័យ មិនធ្វើតាមអ្នកដទៃផង ហើយការគោរពតាមយុត្តិធម៌និងភាពមិនលម្អៀងទៀត

【សេចក្ដីអធិប្បាយ】

ឧត្តមជនដែលមានគុណធម៌ដ៏ខ្ពង់ខ្ពស់ មានចរិតស្លូតបូត មិនខ្វះវិនិច្ឆ័យ ហើយមិនធ្វើតាមអ្នកដទៃផង ដែលនេះគឺជាសេចក្ដីខ្លាំងក្លា។ ការគោរពតាមយុត្តិធម៌និងភាពមិនលម្អៀង ក៏ជាសេចក្ដីខ្លាំងក្លាមួយដែរ។ កាលណាមានភាពសុខសាន្តនិងសេចក្ដីសុខនៅក្នុងប្រទេសជាតិ ឧត្តមជនមិនបោះបង់មហិច្ឆិតាដោយងាយៗនោះទេ នេះក៏ជាសេចក្ដីខ្លាំងក្លាមួយដែរ។ កាលណាមានភាពងងឹតងងល់នៅក្នុងផ្នែកនយោបាយជាតិ ឧត្តមជននៅប្រកាន់ខ្ជាប់នូវមហិច្ឆិតានិងកិរិយាមារយាទរបស់ខ្លួនទៀត ហើយមិនងាករេនោះទេ នេះក៏ជាសេចក្ដីខ្លាំងក្លាដែរ។

(ជុងយុង•ជំពូកទី១០)

【ការពន្យល់】

ជឺលូជាសិស្សរបស់ ខុង ជឺ។ ជឺ លូ ធ្លាប់និយមអួតនិងបង្ហាញសេចក្ដីអង់អាចក្លាហាននិងសមត្ថភាពរបស់ខ្លួនថា ខ្លាំងជាងអ្នកដទៃ។ ចំពោះសំណួររបស់ ជឺ លូវិញ ខុង ជឺ ឲ្យ ជឺ លូ វិភាគថា តើ《ភូមិភាគខាងជើងខ្លាំង》 ឬ《ភូមិភាគខាងត្បូងខ្លាំង》ហើយប្រាប់ទៅ ជឺ លូ ថា ឧត្តមជនគួរតែ《មានចរិតស្លូតបូត ចេះសម្រុះសម្រួលទំនាក់ទំនងជាមួយអ្នកដទៃ តែមិនធ្វើត្រាប់តាមអ្នកអាក្រក់ ហើយមិនព្រមនៅជាមួយអ្នកអាក្រក់នោះទេ》 និងគួរតែ《គោរពតាមយុត្តិធម៌និងតុល្យភាពតែមិនលម្អៀង》 មិនកែប្រែនិងងាករេចរិយាមារយាទ

勇敢却不懂礼就会莽撞乱来。认为子路之“勇”，要用“礼义”来节制，回归中庸之道。

អំពី《 យុត្តិធម៌》 និង《តុល្យភាព》គ្រប់ពេលវេលា នេះគឺជាសេចក្ដីខ្លាំងក្លាម្យ៉ាង។ ខុង ជឺ បាននិយាយថា បើឧត្ដមជនណាមានសេចក្ដីក្លាហាន តែគ្មានយុត្តិធម៌ ឧត្ដមជននោះមុខជានឹងធ្វើឲ្យមានការបះបោរ បើឧត្ដមជនណាមានសេចក្ដីក្លាហាន តែមិនចេះគួរសម ឧត្ដមជននោះមុខជានឹងធ្វើអំពើទ្រគោះបោះបោក។ ជាចុងក្រោយ ខុង ជឺ យល់ឃើញថា សេចក្ដីអង់អាចក្លាហានរបស់ ជឺ លូ ត្រូវណែនាំដោយ《ច្បាប់សុជីវធម៌និងយុត្តិធម៌》ហើយគោរពតាមទស្សនវិជ្ជាជុងយុងទៀតផង។

14. 遁世不见知而不悔

【原文】

君子依乎中庸，遁世不见知而不悔。

《中庸·第十一章》

【释文】

真正的君子总是遵循中庸之道坚持走下去，即使一生远离尘俗不被人知道也不后悔。

【解析】

君子依乎中庸，不去深求“隐僻”之理，不去故为“诡异”之行，遵道而行绝不半途而废，即使不为人知也终身不悔，显示了对中庸之道的执着追求。

14. ទោះបីផ្តាច់ទំនាក់ទំនងពីលោកនេះក៏ដោយ ឧត្តមជនក៏គ្មានសេចក្តីសោកស្តាយដែរ

【សេចក្តីអធិប្បាយ】

ឧត្តមជនតែងតែគោរពនិងប្រកាន់ខ្ជាប់នូវទ្រឹស្តីនៃទស្សនវិជ្ជាជុងយុង ជានិច្ច ហើយគ្មានសេចក្តីសោកស្តាយដែរ ទោះបីជាផ្តាច់ទំនាក់ទំនងពីលោកនេះ និងមិនល្បីឈ្មោះក្នុងលោកនេះក៏ដោយ។

(ជុងយុង•ជំពូកទី១១)

【ការពន្យល់】

ឧត្តមជនគោរពតាមទស្សនវិជ្ជាជុងយុង មិនស្វែងរកទ្រឹស្តីដែលខុសប្លែក ឬមិនធម្មតា ហើយក៏មិនធ្វើអំពើយ៉ាងខុសប្លែកដែរ។ ឧត្តមជនប្រកាន់ខ្ជាប់នូវទស្សនវិជ្ជាជុងយុង មិនដែលបញ្ឈប់នៅពាក់កណ្តាលផ្លូវនោះទេ ហើយក៏មិនសោកស្តាយដែរ ទោះបីមិនល្បីឈ្មោះក្នុងលោកនេះក៏ដោយ។ អ្វីដែលឧត្តមជនធ្វើនោះបានបញ្ជាក់ថា តាមប្រកាន់យ៉ាងខ្ជាប់នូវទស្សនវិជ្ជាជុងយុងដោយមិនងាករេ។

君子之道费而隐

ទស្សនវិជ្ជាជុងយុងដែលឧត្តមជនប្រកាន់ខ្ជាប់នោះ

មានផលប្រយោជន៍យ៉ាងទូលំទូលាយនិងសារៈសំខាន់យ៉ាងល្អិតល្អន់

15. 君子之道费而隐

【原文】

君子之道，费而隐。君子之道，造端乎夫妇，及其至也，察乎天地。

《中庸·第十二章》

【释文】

君子所持守的中庸之道作用非常广泛而道理又非常精微。君子所持守的中庸之道，开始于普通男女的日常生活，但它的最高深境界却显耀于整个天地。

【解析】

君子之道，也就是中庸之道，运用极广，小到“夫妇居室”，大到“圣人天地”，无远弗届，无所不包。像鸟高飞蓝天，像鱼下潜深渊，持守中庸之道，可明察天地，洞悉万有。至于其义理，其浅近之处，“匹夫匹妇”皆能理解和运用；其深奥之处，即使是圣人也难完全破解领悟。从而告诉人们，不要因为其“道”浅近就轻忽它，也不要因为其“道”深奥就疏远它。

15. ទស្សនវិជ្ជាជុងយុង ដែលឧត្តមជនប្រកាន់ខ្ជាប់នោះ មានផលប្រយោជន៍យ៉ាងទូលំទូលាយនិងសារៈសំខាន់យ៉ាងល្អិតល្អន់

【សេចក្តីអធិប្បាយ】

ទស្សនវិជ្ជាជុងយុងដែលឧត្តមជនប្រកាន់ខ្ជាប់នោះ មានផលប្រយោជន៍យ៉ាងទូលំទូលាយនិងសារៈសំខាន់យ៉ាងល្អិតល្អន់ ហើយទស្សនវិជ្ជាជុងយុងនេះមកពីជីវភាពរស់នៅរបស់មនុស្សម្នាទូទៅ ម្យ៉ាងទៀត ពន្លឺនៃទស្សនវិជ្ជាដែលមានកម្រិតដ៏ខ្ពស់បំផុតនឹងចែងចាំងនៅក្នុងលោកនេះ។

(ជុងយុង•ជំពូកទី១២)

【ការពន្យល់】

ទស្សនវិជ្ជារបស់ឧត្តមជនក៏ប្រៀបបីដូចជាទស្សនវិជ្ជាជុងយុងដែរ វាត្រូវបានគេអនុវត្តយ៉ាងទូលំទូលាយក្នុងលោកនេះ ដូចជា ការអនុវត្តក្នុង《ជីវភាពរស់នៅរបស់ស្វាមីភរិយា》 និងការអនុវត្តដល់មនុស្សអស្ចារ្យ គ្មានកន្លែងមិនមានទេ គ្មានអ្វីមិនរាប់បញ្ចូលទេ។ ម្យ៉ាងទៀត ការប្រកាន់ខ្ជាប់នូវទស្សនវិជ្ជាជុងយុង អាចឲ្យគេស្គាល់ច្បាស់អំពីអ្វីៗទាំងអស់នៅក្នុងធម្មជាតិនិងសង្គម វាប្រៀបដូចជាបក្សាបក្សីហិចហើរនៅក្នុងអាកាស ត្រីជ្រមុជនៅក្នុងអន្លង់ជ្រៅ។ ចំណែកទ្រឹស្តីនៃទស្សនវិជ្ជាជុងយុងនេះវិញ អត្ថន័យរបស់វាងាយស្រួលយល់ ហើយសាមញ្ញជន ទាំងប្រុសធម្មតាទាំងស្រីធម្មតា ក៏អាចយល់អត្ថន័យនៃវាបាន និងចេះអនុវត្តវាដែរ ប៉ុន្តែចំពោះសារៈសំខាន់នៃទស្សនវិជ្ជាជុងយុងនេះ ទោះជាមនុស្សអស្ចារ្យក៏ដោយ ក៏ពិបាកយល់ឲ្យបានទាំងអស់ដែរ។ នេះបានបង្ហាញនិងបញ្ជាក់ថា កុំធ្វេសប្រហែសទៅលើវាដោយសារអត្ថន័យនៃវាងាយស្រួលយល់ ហើយកុំស្ថិតនៅឲ្យឆ្ងាយពីវា ដោយសារតែអត្ថន័យនៃវាពិបាកយល់។

16. 道不远人

【原文】

道不远人。

《中庸·第十三章》

【释文】

中庸之道并不是远离人们的。

【解析】

中庸之道就在我们身边，我们一刻也不能离开它。

16. ទស្សនវិជ្ជាជុងយុង មិនអាចផ្ដាច់ទំនាក់ទំនងពីមនុស្ស នៅក្នុងលោកនេះបានទេ

【សេចក្ដីអធិប្បាយ】

ទស្សនវិជ្ជាជុងយុង មិនអាចផ្ដាច់ទំនាក់ទំនងពីមនុស្សនៅក្នុងលោកនេះបានទេ។

(ជុងយុង•ជំពូកទី១៣)

【ការពន្យល់】

ទស្សនវិជ្ជាជុងយុង មានទំនាក់ទំនងជាមួយមនុស្សក្នុងលោកនេះយ៉ាងជិតស្និទ្ធ ហើយមិនអាចផ្ដាច់ទំនាក់ទំនងពីមនុស្ស នៅក្នុងលោកនេះបានទេ សូម្បីតែមួយនាទី។

忠恕违道不远

បើបុគ្គលណាអាចប្រព្រឹត្តសេចក្ដីស្មោះត្រង់និងការអធ្យាស្រ័យបាន

បុគ្គលនោះមិនឆ្ងាយពីទស្សនវិជ្ជាជុងយុងហើយ

17. 忠恕违道不远

【原文】

忠恕违道不远，施诸己而不愿，亦勿施于人。

《中庸·第十三章》

【释文】

一个人做到忠恕，离道也就不远了。所谓忠恕就是自己不愿意别人施加给自己的，也不要施加给别人。

【解析】

忠恕之道指的是推己及人，将心比心。正如孔子所说：自己想要在社会上立足也要让别人在社会上立足，自己想要事事通达也要让别人事事通达。自己所不想要的东西，不要强加在别人身上。以仁爱责己，以忠恕待人。

17. បើបុគ្គលណាអាចប្រព្រឹត្តសេចក្តីស្មោះត្រង់ និងការអធ្យាស្រ័យបាន បុគ្គលនោះមិនឆ្ងាយពីទស្សនវិជ្ជាជុងយុងហើយ

【សេចក្តីអធិប្បាយ】

ប្រសិនបើបុគ្គលណា អាចប្រព្រឹត្តសេចក្តីស្មោះត្រង់និងការអធ្យាស្រ័យបាន នេះមានន័យថា បុគ្គលនោះមិនឆ្ងាយពីទស្សនវិជ្ជាជុងយុងហើយ។ អ្វីដែលខ្លួនឯងមិនចង់បាន ឬមិនព្រមធ្វើ កុំឲ្យគេបង្ខំខ្លួនឯង ឬកុំបង្ខំអ្នកដទៃ។

(ជុងយុង•ជំពូកទី១៣)

【ការពន្យល់】

ការប្រព្រឹត្តសេចក្តីស្មោះត្រង់ និងការអធ្យាស្រ័យ មានន័យថា គិតដល់កាលៈទេសៈដែលអ្នកដទៃស្ថិតនៅ។ ខុង ជឺ ធ្លាប់និយាយថា បើខ្លួនឯងចង់រកកន្លែងឈរជើងនៅក្នុងលោកនេះ គួរតែគិតដល់អ្នកដទៃ ដែលចង់រកកន្លែងឈរជើងដូចគ្នា។ បើខ្លួនឯងចង់ដឹងអ្វីៗទាំងអស់ គួរតែគិតដល់អ្នកដទៃដែលចង់ដឹងអ្វីៗទាំងអស់ដូចគ្នា។ អ្វីដែលខ្លួនឯងមិនចង់បាន កុំបង្ខំដាក់ឲ្យអ្នកដទៃ។ ខ្លួនឯងគួរតែប្រព្រឹត្តចំពោះអ្នកដទៃដោយមេត្តាធម៌ សេចក្តីស្រឡាញ់ សេចក្តីស្មោះត្រង់និងការអធ្យាស្រ័យ ហើយទាមទារខ្លួនយ៉ាងតឹងរ៉ឹង។

18. 庸德之行，庸言之谨

【原文】

庸德之行，庸言之谨，有所不足，不敢不勉，有余不敢尽。

《中庸·第十三章》

【释文】

平常的德行努力去实践；平常的言谈则尽量谨慎；德行的践行有不足的地方，不敢不勤勉地去跟进；如有做得好的地方，在言谈时却不敢放肆而把话说尽。

【解析】

孔子曾说，君子做事要敏捷而说话要谨慎。

18. ប្រព្រឹត្តកិរិយាមារយាទធម្មតាដោយប្រឹងប្រែង សំណេះសំណាលធម្មតាដោយប្រុងប្រយ័ត្ន

【សេចក្តីអធិប្បាយ】

ប្រព្រឹត្តកិរិយាមារយាទធម្មតាដោយប្រឹងប្រែង សំណេះសំណាលធម្មតាដោយប្រុងប្រយ័ត្ន។ បើប្រព្រឹត្តកិរិយាមារយាទមិនបានគ្រប់គ្រាន់ គួរតែខិតខំព្យាយាមធ្វើឲ្យបានល្អ បើមានកន្លែងណាធ្វើឲ្យបានល្អ មិនគួរតែអួតក្នុងការសំណេះសំណាល គួរតែនិយាយពាក្យសម្តីចេញមកឲ្យអស់តែម្តង ដោយមិនលាក់លៀម។

(ជុងយុង•ជំពូកទី១៣)

【ការពន្យល់】

ខុង ជឺ ធ្លាប់និយាយថា ឧត្តមជនគួរតែឲ្យមានភាពរវៀសរវៃក្នុងការធ្វើការ ហើយគួរតែឲ្យមានសេចក្តីប្រយ័ត្នប្រយែងក្នុងការនិយាយពាក្យសម្តី។

言顾行，行顾言

ពាក្យសម្ដីនិងអំពើរបស់ខ្លួនឯងត្រូវសមស្របនឹងគ្នាទៅវិញទៅមក

19. 言顾行，行顾言

【原文】

言顾行，行顾言，君子胡不慥慥尔！

《中庸·第十三章》

【释文】

言语要顾到自己的行为，行为也要顾到自己的言语，这样的君子怎么会是不忠厚笃实呢！

【解析】

言行一致是忠厚诚实的基本要求。

19. ពាក្យសម្ដី និងអំពើរបស់ខ្លួនឯង ត្រូវសមស្របនឹងគ្នាទៅវិញទៅមក

【សេចក្ដីអធិប្បាយ】

ពាក្យសម្ដីនិងអំពើរបស់ខ្លួនឯងត្រូវសមស្របនឹងគ្នាទៅវិញទៅមក ឧត្តមជនបែបនេះទើបពិតជាស្មោះត្រង់។

(ជុងយុង•ជំពូកទី១៣)

【ការពន្យល់】

ធ្វើតាមពាក្យសម្ដីដែលខ្លួនឯងធ្លាប់និយាយចេញមក នេះជាគ្រឹះសំខាន់នៃភាពស្មោះត្រង់។

20. 君子素其位而行

【原文】

君子素其位而行，不愿乎其外。

《中庸·第十四章》

【释文】

君子安处于现在所处的地位去做自己本位的事，不倾慕本位之外的东西。

【解析】

作为君子，无论在什么时候，在什么地方，处在什么地位上，总是从此时、此地、此位的实际出发，坚定地走在中正的道路上。

20. ឧត្តមជនគួរតែធ្វើការរបស់ខ្លួនឲ្យបានល្អ តាមឋានៈឬស័ក្តិដែលខ្លួនស្ថិតនៅ

【សេចក្តីអធិប្បាយ】

ឧត្តមជនគួរតែធ្វើការរបស់ខ្លួនឲ្យបានល្អ តាមឋានៈឬស័ក្តិដែលខ្លួនស្ថិតនៅ មិនលោភលន់លើអ្វីដែលស្ថិតនៅក្រៅឋានៈឬស័ក្តិរបស់ខ្លួនឯងឡើយ។

(ជុងយុង•ជំពូកទី១៤)

【ការពន្យល់】

ទោះបីជានៅពេលណា កន្លែងណាឬឋានៈយ៉ាងណាក៏ដោយ ឧត្តមជនគួរតែធ្វើតាមការកាលៈទេសៈ ហើយប្រកាន់ខ្ជាប់នូវយុត្តិធម៌និងតុល្យភាព។

正己而不求于人

បើខ្លួនមិនចង់បានសេចក្ដីស្អប់ខ្ពើមពីអ្នកដទៃ គួរតែកែតម្រង់កិរិយាមាយាទរបស់ខ្លួនឲ្យបានល្អ
ហើយមិនគួរតែទាមទារឲ្យអ្នកដទៃធ្វើអ្វីមួយដោយតឹងរ៉ឹងនោះទេ

21. 正己而不求于人

【原文】

君子无入而不自得焉。在上位，不陵下；在下位，不援上。正己而不求于人则无怨。

《中庸·第十四章》

【释文】

君子无论处于什么情况都能安然自得。处在上位不欺侮在下位的人，处在下位不巴结在上位的人。端正自己而不苛求别人，这样就不会有什么怨恨了。

【解析】

这是君子待人接物最基本的态度和修养。孔子说：对自己责备得重而对别人则责备得轻，就可以远离别人的怨恨了。

21. បើខ្លួនមិនចង់បានសេចក្តីស្អប់ខ្ពើមពីអ្នកដទៃ គួរតែកែតម្រង់កិរិយាមាយាទរបស់ខ្លួនឲ្យបានល្អ ហើយមិនគួរតែទាមទារឲ្យអ្នកដទៃធ្វើអ្វីមួយដោយតឹងរ៉ឹងនោះទេ

【សេចក្តីអធិប្បាយ】

ទោះបីជាស្ថិតនៅក្នុងកាលៈទេសៈបែបណាក៏ដោយ ឧត្តមជនក៏នៅតែមានសេចក្តីសុខសាន្ត និងសេចក្តីសប្បាយរីករាយដែរ។ ឧត្តមជនដែលមានអំណាចមិនគួរធ្វើបាបចំពោះអ្នកមានឋានៈទាប ហើយអ្នកមានឋានៈទាបក៏មិនគួរបញ្ចោរចំពោះឧត្តមជន ដែលមានអំណាចដែរ។ បើខ្លួនមិនចង់បានសេចក្តីស្អប់ខ្ពើមពីអ្នកដទៃ គួរតែកែតម្រង់កិរិយាមារយាទរបស់ខ្លួនឲ្យបានល្អ ហើយមិនគួរតែទាមទារឲ្យអ្នកដទៃធ្វើអ្វីមួយដោយតឹងរ៉ឹងនោះទេ។

(ជុងយុង•ជំពូកទី១៤)

【ការពន្យល់】

ឥរិយាបថសម្រាប់ឧត្តមជនប្រព្រឹត្ត ចំពោះបុគ្គលណាមួយសំខាន់ណាស់ ដែលក៏ជាគុណធម៌ម្យ៉ាងដែរ។ ខុង ជឺ ធ្លាប់និយាយថា រិះគន់ខ្លួនឯងឲ្យខ្លាំងៗ ហើយរិះគន់ដល់អ្នកដទៃដោយស្រាលៗ ហេតុដូច្នេះ ខ្លួនឯងមុខជានឹងអាចឆ្ងាយពីសេចក្តីស្អប់របស់អ្នកដទៃបានហើយ។

22. 上不怨天，下不尤人

【原文】

上不怨天，下不尤人。

《中庸·第十四章》

【释文】

上不抱怨天，下不抱怨人。

【解析】

孔子主张“不怨天，不尤人”，凡事首先要反省自己，从严要求自己。

22. កុំត្អូញត្អែរនឹងទេវតា ហើយក៏កុំត្អូញត្អែរនឹងអ្នកដទៃដែរ

【សេចក្ដីអធិប្បាយ】

កុំត្អូញត្អែរនឹងទេវតា ហើយក៏កុំត្អូញត្អែរនឹងអ្នកដទៃដែរ។

(ជុងយុង•ជំពូកទី១៤)

【ការពន្យល់】

ខុងជឺប្រកាន់ថា《កុំត្អូញត្អែរនឹងទេវតា ហើយក៏កុំត្អូញត្អែរនឹងអ្នកដទៃ》មានន័យថា ខ្លួនឯងគួរតែពិចារណាមើលទោសរបស់ខ្លួន ហើយប្រិតប្រៀងចំពោះខ្លួនឯងដោយម៉ឺងម៉ាត់។

23. 君子居易以俟命

【原文】

故君子居易以俟命，小人行险以徼幸。

《中庸·第十四章》

【释文】

所以，君子安于平素的地位而等待天命的到来，小人却铤而走险妄图获得偶然的成功或意外地摆脱不幸。

【解析】

作为君子，总是秉持“求之有道，得之有命”（追求自己的人生目标自有一定的规律和原则，至于能否达到自有天命存在而不怨天尤人）的做人准则，朝着自己的人生目标做不懈的努力。至于道德卑下的小人，总是倾慕荣利，心存侥幸，企图通过歪门邪道，谋取私利，这是君子所不齿的。

23. ឧត្តមជនពេញចិត្ត និងស្រឡាញ់ឋានៈដ៏សាមញ្ញរបស់ខ្លួននៅពេលនេះ ហើយក៏សុខចិត្តរង់ចាំសេចក្ដីសំរេចនៃជតានិយមពីទេវតានៅពេលអនាគតដែរ

【សេចក្ដីអធិប្បាយ】

ឧត្តមជនពេញចិត្ត និងស្រឡាញ់ឋានៈដ៏សាមញ្ញរបស់ខ្លួននៅពេលនេះ ហើយក៏សុខចិត្តរង់ចាំសេចក្ដីសម្រេចនៃជតានិយម ពីទេវតានៅពេលអនាគតដែរ រីឯមនុស្សថោកទាបវិញ ចង់បានជោគជ័យដោយភាពចៃដន្យតាមរយៈការប្រថុយប្រថាន ឬក៏ចង់គេចរួចនូវភាពអភ័ព្វដោយចៃដន្យដែរ។

(ជុងយុង•ជំពូកទី១៤)

【ការពន្យល់】

ឧត្តមជនតែងតែប្រកាន់ខ្ជាប់នូវគោលការណ៍ដើម្បីធ្វើជាមនុស្ស ពោលគឺនៅក្នុងលោកនេះ មានច្បាប់និងគោលការណ៍ទូទៅសម្រាប់គោរពតាមក្នុងការស្វះស្វែងនិងសម្រេចគោលដៅនៃជីវិត ទោះជាសម្រេចគោលដៅនោះបានឬសម្រេចមិនបាន ក៏មានជតានិយមនៅក្នុងលោកនេះ ហើយមិនគួរត្អូញត្អែរនឹងអ្នកដទៃឡើយ គួរតែខិតខំព្យាយាមសំរេចគោលដៅនៃជីវិត។ ចំណែកមនុស្សថោកទាបវិញ ចាប់ចិត្តយ៉ាងខ្លាំងទៅលើកិត្តិយសនិងផលប្រយោជន៍ផ្ទាល់ខ្លួនជានិច្ច ចង់បានជោគជ័យដោយចៃដន្យ ចង់បានផលប្រយោជន៍ផ្ទាល់ខ្លួនតាមរយៈរបៀបខុសៗ នេះគឺជាអំពើអាក្រក់ដែលឧត្តមជនស្អប់។

君子反求诸其身

ឧត្តមជននោះគួរតែរកដើមហេតុនៃកំហុស និងពិចារណាមើលកំហុសរបស់ខ្លួន

24. 君子反求诸其身

【原文】

射有似乎君子，失诸正鹄，反求诸其身。

《中庸·第十四章》

【释文】

射箭与君子立身处世有相似之处，射不中箭靶的中心就反省自己，从自己身上找原因。

【解析】

只有真诚反省，才能战胜困难，继续前进。

24. ឧត្តមជននោះ គួរតែរកដើមហេតុនៃកំហុស និងពិចារណាមើលកំហុសរបស់ខ្លួន

【សេចក្តីអធិប្បាយ】

ការបាញ់ធ្នូប្រៀបដូចជាការដែលឧត្តមជនប្រព្រឹត្តចំពោះបុគ្គលណាមួយ និងរកដំណោះស្រាយ ចំពោះបញ្ហាអ្វីមួយ។ បើឧត្តមជនណាបាញ់ចំណុចកណ្តាលនៃវង់បាញ់មិនត្រូវ ឧត្តមជននោះគួរតែរកដើមហេតុនៃកំហុស និងពិចារណាមើលកំហុសរបស់ខ្លួន។

(ជុងយុង•ជំពូកទី១៤)

【ការពន្យល់】

មានតែការពិចារណាមើលកំហុសរបស់ខ្លួនទេ ទើបអាចពុះពារគ្រប់ឧបសគ្គ ហើយទៅមុខតទៅទៀតបាន។

行远必自迩，登高必自卑

ការចេញដំណើរទៅទីកន្លែងឆ្ងាយ ត្រូវតែចាប់ផ្ដើមចេញដំណើរពីទីកន្លែងជិត

ការឡើងភ្នំខ្ពស់ ត្រូវតែចាប់ផ្ដើមចេញដំណើរពីទីកន្លែងទាប

25. 行远必自迩，登高必自卑

【原文】

君子之道，辟如行远，必自迩；辟如登高，必自卑。

《中庸·第十五章》

【释文】

君子实行中庸之道，就像走远路一样，一定要从近处开始；就像登高山一样，一定要从低处起步。

【解析】

君子修道，当从近处做起，从小事做起，从今日做起。

25. ការចេញដំណើរទៅកន្លែងឆ្ងាយ ត្រូវតែចាប់ផ្តើមចេញដំណើរពីទីកន្លែងជិត ការឡើងភ្នំខ្ពស់ត្រូវតែចាប់ផ្តើមចេញដំណើរពីទីកន្លែងទាប

【សេចក្តីអធិប្បាយ】

ឧត្តមជនអនុវត្តទស្សនវិជ្ជាជុងយុង ប្រៀបដូចជា ការចេញដំណើរទៅទីកន្លែងឆ្ងាយ ដែលត្រូវតែចាប់ផ្តើមចេញដំណើរពីទីកន្លែងជិត ហើយក៏ប្រៀបដូចជា ការឡើងភ្នំខ្ពស់ ដែលត្រូវតែចាប់ផ្តើមចេញដំណើរពីទីកន្លែងទាប។

(ជុងយុង•ជំពូកទី១៥)

【ការពន្យល់】

ឧត្តមជនដែលបណ្តុះឲ្យមានគុណធម៌ខ្ពង់ខ្ពស់ គួរតែចាប់ផ្តើមធ្វើពីរឿងដែលនៅកន្លែងជិត ចាប់ផ្តើមធ្វើពីរឿងតូចៗ និងចាប់ផ្តើមធ្វើពីថ្ងៃនេះតទៅ។

26. 诚之不可掩

【原文】

夫微之显，诚之不可掩如此夫！

《中庸·第十六章》

【释文】

从鬼神般的隐微之处出发而造成显著的功德，真诚专一的心就是这样不可掩盖啊！

【解析】

这里所说的“鬼神”，是用来说明“道”的功效的神奇、微妙和无所不在。只要真诚专一，信仰执着，就能一步步走向成功。

26. ចិត្តស្មោះត្រង់បែបនេះមិនអាចគ្រប់បានទេ

【សេចក្តីអធិប្បាយ】

បើបុគ្គលណាចង់បណ្តុះឲ្យមានសីលធម៌ខ្ពង់ខ្ពស់ បុគ្គលនោះគួរតែចាប់ផ្តើមបណ្តុះពីកម្រិតទាប ដូច្នេះហើយ ចិត្តស្មោះត្រង់បែបនេះមិនអាចគ្រប់បានទេ។

(ជុងយុង•ជំពូកទី១៦)

【ការពន្យល់】

《ខ្មោចនិងទេវតា》 បានបញ្ជាក់ថា 《សីលធម៌》 មានប្រសិទ្ធិភាព ដែលមានភាពអព្ភូត ភាពល្អិតល្អន់ និងសព្វវត្តមាន។ បើបុគ្គលណាមានសេចក្តីស្មោះត្រង់ ហើយប្រកាន់នូវជំនឿយ៉ាងម៉ឺងម៉ាត់ បុគ្គលនោះនឹងអាចទទួលបានជោគជ័យបានដោយមួយជំហានៗ។

大德必得其位

បុគ្គលណាមានសីលធម៌ខ្ពង់ខ្ពស់

បុគ្គលនោះមុខជានឹងទទួលបានឋានៈដ៏ថ្លៃថ្នូរដែលសមនឹងបានទទួលនោះ

27. 大德必得其位

【原文】

大德必得其位，必得其禄，必得其名，必得其寿。

《中庸·第十七章》

【释文】

有大德的人必定得到他应得的尊贵地位，必定得到他应得的丰厚财富，必定得到他应得的美好名声，必定得到他应得的永年高寿。

【解析】

这里所表达的是一种“圣贤政治观”：只有圣贤才能受天命，换句话说，受天命者必须是圣贤。这种观念对无德的暴君是一种批判，对君主世袭制观念也是一种有力的冲击。

27. បុគ្គលណាមានសីលធម៌ខ្ពង់ខ្ពស់ បុគ្គលនោះមុខជានឹងទទួលបានឋានៈដ៏ថ្លៃថ្នូរដែលសមនឹងបានទទួលនោះ

【សេចក្តីអធិប្បាយ】

បុគ្គលណាមានសីលធម៌ខ្ពង់ខ្ពស់ បុគ្គលនោះមុខជានឹងទទួលបានឋានៈដ៏ថ្លៃថ្នូរដែលសមនឹងបានទទួលនោះ ទទួលបានទ្រព្យសម្បត្តិយ៉ាងសម្បូរណ៍ដែលសមនឹងបានទទួលនោះ ទទួលបានកិត្តិយសដ៏ខ្ពង់ខ្ពស់ ដែលសមនឹងបានទទួលនោះ និងទទួលបានអាយុយឺនយូរដែលសមនឹងបានទទួលនោះ។

(ជុងយុង•ជំពូកទី១៧)

【ការពន្យល់】

នេះគឺជាផ្នត់គំនិតខាងនយោបាយដែលក្លាយទៅជា《មនុស្សអស្ចារ្យនិងមនុស្សដែលមានសីលធម៌និងបញ្ញាញាណ》ពោលគឺ ទាល់តែមនុស្សអស្ចារ្យនិងមនុស្ស ដែលមានសីលធម៌និងបញ្ញាញាណដ៏ខ្ពង់ខ្ពស់តែប៉ុណ្ណោះទេ ទើបអាចទទួលកាតព្វកិច្ចខាងជតានិយមពីទេវតាបាន។ ផ្នត់គំនិតខាងនយោបាយនេះបានរិះគន់ដល់ស្តេចដែលគ្មានសីលធម៌ ហើយមានការប៉ះទង្គិចយ៉ាងធ្ងន់និងមានភាពអវិជ្ជមាន ទៅដល់របៀបរបបសោយរាជ្យបន្តគ្នាក្នុងញាតិរាជវង្ស។

28. 天之生物，必因其材而笃焉

【原文】

天之生物，必因其材而笃焉。故栽者培之，倾者覆之。

《中庸·第十七章》

【释文】

所以上天生养万物，必定根据它们的资质而厚待它们。能栽培成材的就得到培育生长，歪斜不能成材的就让它倒伏灭亡。

【解析】

社会的大厦，需要栋梁支撑。立志成才者终究会得到认可与扶持，成为栋梁之材。而自暴自弃者，则必将被时代所抛弃。

28. ទេវតានាំឲ្យកើតមានអ្វីៗទាំងអស់ក្នុងលោកនេះ ហើយប្រព្រឹត្តចំពោះពួកវាទៅតាមកាលៈទេសៈខុសៗគ្នា

【សេចក្តីអធិប្បាយ】

ទេវតានាំឲ្យកើតមានអ្វីៗទាំងអស់ក្នុងលោកនេះ ហើយប្រព្រឹត្តចំពោះពួកវាទៅតាមកាលៈទេសៈខុសៗគ្នា។ អ្វីដែលអាចរីកលូតលាស់បាន ទេវតាមុខជានឹងបណ្តុះបណ្តាលឲ្យរីកលូតលាស់ អ្វីដែលរីកលូតលាស់មិនបាន ទេវតាមុខជានឹងមិនបណ្តុះបណ្តាលឲ្យរីកលូតលាស់ទេ។

(ជុងយុង•ជំពូកទី១៧)

【ការពន្យល់】

អគារធំៗត្រូវតែមានសសរធំៗសម្រាប់ទ្រ បានន័យថា បុគ្គលណាមានគតិបណ្ឌិតនិងសមត្ថភាពលើសលប់ ហើយមានបំណងប្រាថ្នាចង់បានក្លាយទៅជាបុគ្គលដែលអាចទទួលកាតព្វកិច្ចដ៏សំខាន់ពីជាតិនិងមានផលប្រយោជន៍ចំពោះជាតិ បុគ្គលនោះនឹងទទួលស្គាល់ពីសង្គមនិងទទួលបានការគាំទ្រពីអ្នកដទៃ។ ចំណែកបុគ្គលណាមើលស្រាលខ្លួនឯងនិងអស់សង្ឃឹមវិញ បុគ្គលនោះមុខជានឹងត្រូវសង្គមនៅសម័យនេះបោះបង់ចោល។

29. 大德者必受命

【原文】

大德者必受命。

《中庸·第十七章》

【释文】

有大德的人必定会承受天命。

【解析】

有理想有抱负的人，应自觉地承担“治国平天下”的历史使命。

29. ជនដែលមានសីលធម៌ដ៏ខ្ពង់ខ្ពស់នឹងទទួលបានកាតព្វកិច្ចដ៏សំខាន់ពីទេវតា

【សេចក្ដីអធិប្បាយ】

ជនដែលមានសីលធម៌ដ៏ខ្ពង់ខ្ពស់នឹងទទួលបានកាតព្វកិច្ចខាងជតានិយមដ៏សំខាន់ពីទេវតា។

(ជុងយុង•ជំពូកទី១៧)

【ការពន្យល់】

ជនដែលមានឧត្ដមគតិនិងមហិច្ឆិតា គួរតែទទួលកាតព្វកិច្ចនៃ《ការដឹកនាំនគរ និងការធ្វើឲ្យមានសន្តិភាពនិងភាពសុខសាន្តក្នុងប្រទេសនេះ》យ៉ាងសកម្ម។

父作之，子述之

បិតារបស់ស្ដេចចូវវឺនវ៉ាំងបានបង្កើតនគរមួយ បុត្រារបស់ស្ដេច ចូវ វឺនវ៉ាំង

នឹងបន្តសេចក្ដីប្រាថ្នារបស់ស្ដេច ចូវ វឺនវ៉ាំង ដែលមិនទាន់សម្រេចបាននោះ

周

30. 父作之，子述之

【原文】

无忧者其惟文王乎！……父作之，子述之。

《中庸·第十八章》

【释文】

古来帝王无忧的大概只有周文王吧！……父亲王季为他开创了基业，儿子武王继承了他的遗志，完成了他所没有完成的事业。

【解析】

武王伐纣，以周代殷，这是上古史上一件惊天动地的大事。此一大事，文王奠其基，武王建其功，周公助其成。殷周之际，不但有此政治上的大变动，在思想观念上也是巨大的变革。殷人尊天事鬼，如按旧的天命观，武王伐纣，是以下犯上，大逆不道。但周人

30. បិតារបស់ស្ដេច ចូវ វឺនវ៉ាង បានបង្កើតនគរមួយ បុត្រារបស់ស្ដេច ចូវ វឺនវ៉ាង នឹងបន្តសេចក្តីប្រាថ្នារបស់ស្ដេច ចូវ វឺនវ៉ាង ដែលមិនទាន់សម្រេចបាននោះ

【សេចក្តីអធិប្បាយ】

តាំងពីសម័យបុរាណមក មានតែស្ដេច ចូវ វឺនវ៉ាង មួយអង្គដែលពុំមានសេចក្តីព្រួយបារម្ភអ្វីទេ ពីព្រោះស្ដេច វ៉ាង ជី (បិតារបស់ស្ដេច ចូវ វឺនវ៉ាង) បានបង្កើតនគរមួយនិងទទួលបានជ័យជំនះយ៉ាងច្រើន ម្យ៉ាងទៀត ស្ដេច ចូវ អ៊ូវ៉ាង (បុត្រារបស់ស្ដេច ចូវ វឺនវ៉ាង) នឹងបន្តសេចក្តីប្រាថ្នារបស់ស្ដេចចូវ វឺនវ៉ាងដែលមិនទាន់សម្រេចបាននោះ ហើយនឹងសម្រេចបានលទ្ធផលដែលស្ដេច ចូវ វឺនវ៉ាង មិនទាន់សម្រេចបាននោះ។

(ជុងយុង•ជំពូកទី១៨)

【ការពន្យល់】

ស្ដេច ចូវ អ៊ូវ៉ាង បានផ្តើមធ្វើសង្គ្រាមនឹងស្ដេច ចូវ វ៉ាង ហើយលុបបំបាត់ចោលរាជវង្សយីន រាជវង្សចូវបានបង្កើតនគរចូវហើយ ដែលព្រឹត្តិការណ៍នេះគឺជាព្រឹត្តិការណ៍ដ៏មានឥទ្ធិពលយ៉ាងធំធេងក្នុងប្រវិត្តសាស្ត្រ។ ស្ដេច ចូវ វឺនវ៉ាង បានចាក់ឫសគល់ជាមុនសិន បន្ទាប់មក ស្ដេច ចូវ អ៊ូវ៉ាង បានកសាងសមិទ្ធផលយ៉ាងច្រើន ហើយស្ដេច ចូវ កុង ជួយស្ដេច ចូវ ឈឹងវ៉ាង ពង្រឹងការកាន់អំណាច។ នៅក្នុងសម័យយីននិងសម័យចូវ មិនគ្រាន់តែមានព្រឹត្តិការណ៍ដ៏សំខាន់បែបនេះ កើតឡើងនៅលើឆាកនយោបាយប៉ុណ្ណោះទេ ថែមទាំងមានបដិវត្តន៍យ៉ាងធំធេង ទៅលើស្មារតីនិងផ្នត់គំនិតទៀតផង។ នៅរជ្ជកាលយីន សាមញ្ញជនគោរពទេវតានិងខ្មោច។ បើយោងតាមជតានិយមនៃទេវតាចាស់ៗ

敬德保民，认为伐纣之举是“顺天应人”。周人尚德，就是重道，并以伐纣灭殷之大业证明了道用之广大，足以用来建立旷世之伟业。

នោះ ស្តេច ចូវ អ៊ូវ៉ាង ផ្តើមធ្វើសង្គ្រាមនឹងស្តេច ចូវ វ៉ាង មានន័យថា អ្នកមានឋានៈទាបមិនគោរព អ្នកមានឋានៈខ្ពស់ ហើយការប្រព្រឹត្តនេះបានល្មើសនឹងចរិយាសាស្ត្រនិងសីលធម៌នៅក្នុងនគរនេះ។ នៅរជ្ជកាលចូវ សាមញ្ញជនគោរពសីលធម៌និងការពារនគរណាស់ ហើយយល់ថា ការដែលស្តេច ចូវ អ៊ូវ៉ាង ផ្តើមធ្វើសង្គ្រាមនឹងស្តេច ចូវ វ៉ាង នេះជាការប្រព្រឹត្តដែល《សមស្របនឹងបំណងប្រាថ្នារបស់ទេវតានិងត្រូវចិត្តរបស់ប្រជារាស្ត្រសាមញ្ញ》។ នៅរជ្ជកាលចូវ សាមញ្ញជនគោរពសីលធម៌ណាស់ មានន័យថា នគរចូវលើកតម្កើងនូវសីលធម៌ ការបង្កើតនូវនគរចូវនិងកសាងសមិទ្ធផល បានបញ្ជាក់ថា សារៈសំខាន់នៃសីលធម៌ដ៏ទូលំទូលាយ ដែលអាចយកមកកសាងនូវសមិទ្ធផលដ៏ធំធេងក្នុងលោក។

夫孝者，善继人之志，善述人之事

កម្រិតដ៏ខ្ពស់បំផុតនៃកតញ្ញូតាធម៌គឺការបន្តបំណងប្រាថ្នា

ការសម្រេចគោលដៅនិងការទទួលបានសមិទ្ធផលរបស់ជំនាន់ដើមដែលទទួលមរណភាព

31. 夫孝者，善继人之志，善述人之事

【原文】

夫孝者，善继人之志，善述人之事者也。

《中庸·第十九章》

【释文】

所谓孝的最高境界，就是要（像周武王和周公那样）善于继承前人的遗志，善于完成前人所未完成的事业。

【解析】

武王继承文王遗志，伐纣灭殷，建立周王朝。武王死后，周公辅佐成王，东征平叛，分封诸侯，制礼作乐，天下大治，又一次证明了道用之广大。周公制礼作乐，是围绕着宗法制进行的。在当时，实行分封制、宗法制，对巩固王权，促进统一，维护社会稳定，恢复和发展生产，具有进步意义和积极作用。而周公的制礼作乐，则是围绕着宗法制，建立起一系列的社会、政治制度，以及与之适应

31. កម្រិតដ៏ខ្ពស់បំផុតនៃកតញ្ញូតាធម៌គឺការបន្តបំណងប្រាថ្នា ការសម្រេចគោលដៅនិងការទទួលបានសមិទ្ធផលរបស់ជំនាន់ដើមដែលទទួលមរណភាព

【សេចក្ដីអធិប្បាយ】

កម្រិតដ៏ខ្ពស់បំផុតនៃកតញ្ញូតាធម៌ គឺការបន្តបំណងប្រាថ្នារបស់មនុស្សដែលទទួលមរណភាព និងការសម្រេចគោលដៅ និងទទួលបានសមិទ្ធផលដែលជំនាន់ដើមមិនទាន់សម្រេចបាននោះ ដើម្បីជំនាន់ដើមដែលទទួលមរណភាព។

(ជុងយុង•ជំពូកទី១៩)

【ការពន្យល់】

ស្ដេច ចូវ អ៊ូវ៉ាង បន្តបំណងប្រាថ្នារបស់ស្ដេច ចូវ វឺនវ៉ាង ដែលមិនទាន់សម្រេចបាននោះ ហើយផ្ដើមធ្វើសង្គ្រាមនឹងស្ដេចចូវ៉ាង ទីបំផុតក៏លុបបំបាត់ចោលរាជវង្សយីននិងបង្កើតរាជវង្សចូវឡើង។ តាំងពីស្ដេច ចូវ អ៊ូវ៉ាង សោយទីវង្គតទៅ ចូវ កុង ជួយស្ដេច ចូវ ឈឹងវ៉ាង គ្រប់គ្រងនគរ បំបាត់ការបះបោរនៅភូមិភាគខាងកើត បែងចែកទឹកដីឲ្យស្ដេចត្រាញ់ និងចាត់តាំងជាស្ដេចត្រាញ់ បង្កើតរបៀបរបបសម្រាប់បណ្ដុះបណ្ដាលសុជីវធម៌ និងបង្កើតភ្លេង ហើយធ្វើឲ្យមានសន្តិភាពនិងភាពសុខសាន្តក្នុងនគរ។ នេះបានបញ្ជាក់ពីសារៈសំខាន់ដ៏ទូលំទូលាយនៃសីលធម៌។ ចូវ កុង បានបង្កើតនូវរបៀបរបបសម្រាប់បណ្ដុះបណ្ដាលសុជីវធម៌ និងបង្កើតភ្លេង ដែលអ្វីៗទាំងនោះបានដំណើរការ តាមរបៀបខាងបិតុភាព ដែលបុត្រារបស់រាជវង្ស ឬអភិជនបន្តអំណាចពីបិតាតាមសាច់សារលោហិតនិងឋានៈខុសៗគ្នា។ ក្នុងសម័យនោះ របៀបបែងចែកទឹក

的一系列的道德伦理规范和文化教育制度。这是当时社会进一步走向文明的重要标志。

ដីឲ្យស្ដេចត្រាញ់និងចាត់តាំងជាស្ដេចត្រាញ់ និងរបៀបខាងបិតុភាពដែលបុត្រារបស់រាជវង្ស ឬអភិជនបន្ដអំណាច ពីបិតាតាមសាច់សារលោហិត និងឋានៈខុសៗគ្នា បានពង្រឹងអំណាចរបស់ស្ដេច ជំរុញឲ្យមានការឯកភាពគ្នាក្នុងនគររក្សាស្ថិរភាពក្នុងសង្គម និងស្ដារឡើងវិញនូវផលិតកម្ម ដែលអ្វីៗទាំងអស់នោះមានផលប្រយោជន៍យ៉ាងសំខាន់។ ចំណែករបៀបរបបសំរាប់បណ្ដុះបណ្ដាលសុជីវធម៌និងបង្កើតភ្លេង ដែលបង្កើតឡើងដោយ ចូវ កុង ហើយរបៀបនោះបានដំណើរការតាមរបៀបខាងបិតុភាព ដែលបុត្រារបស់រាជវង្សឬអភិជនបន្ដអំណាច ពីបិតាតាមសាច់សារលោហិត និងឋានៈខុសៗគ្នា ដូចជា ការបង្កើតនូវរបៀបរបបខាងសង្គម និងរបៀបរបបខាងនយោបាយមួយចំនួន ក្បួនច្បាប់ចរិយា និងរបៀបរបបខាងវប្បធម៌និងអប់រំ។ នេះគឺជានិមិត្ដរូបដ៏សំខាន់ដែលសង្គមឈានទៅដំណាក់កាលដ៏ថ្មីមួយ ដែលមានសីលធម៌។

32. 人存政举，人亡政息

【原文】

文武之政，布在方策。其人存，则其政举；其人亡，则其政息。

《中庸·第二十章》

【释文】

周文王、周武王的政事都记载在典籍上。今天如果像文王、武王那样的人在世，这些政事就能实施；今天如果没有像文王、武王那样的人在世，这些政事也就息灭了。

【解析】

今天我们致力于建设法治国家，但“法”毕竟要通过“人”来制定和施行。因此提高人的素质，是建设法治国家必不可少的条件。孔子高度重视“人”的因素，认为“为政在人”，要治理好天下国家，关键在执政者本人的素质。因而执政者本人应以修身为本。

32. បើមានមនុស្សដូចស្តេច ចូវ វឹនវ៉ាង និងស្តេច ចូវ អ៊ូវ៉ាង បែបនោះនៅក្នុងលោកនេះនឹងអាចអនុវត្តនយោបាយទាំងនេះបាន បើគ្មានទេគឺអនុវត្តមិនបានឡើយ

【សេចក្តីអធិប្បាយ】

ព្រឹត្តិការណ៍ខាងនយោបាយរបស់ស្តេច ចូវ វឹនវ៉ាង និងស្តេច ចូវ អ៊ូវ៉ាង ត្រូវបានគេកត់ត្រាក្នុងឯកសារបុរាណសំខាន់ៗហើយ។ សព្វថ្ងៃនេះ បើសិនជាមានមនុស្សដូចស្តេច ចូវ វឹនវ៉ាង និងស្តេច ចូវ អ៊ូវ៉ាង បែបនោះនៅក្នុងលោកនេះនឹងអាចអនុវត្តនយោបាយទាំងនេះបានជាមិនខាន។ បើសិនជាគ្មានមនុស្សដូចស្តេច ចូវ វឹនវ៉ាង និង ចូវ អ៊ូវ៉ាង បែបនោះនៅក្នុងលោកនេះទេ អនុវត្តនយោបាយទាំងនេះមិនបានឡើយ។

(ជុងយុង•ជំពូកទី២០)

【ការពន្យល់】

សព្វថ្ងៃនេះ យើងខិតខំប្រឹងប្រែងកសាងប្រទេសជាតិ ដែលថ្នាក់ដឹកនាំគ្រប់គ្រងតាមច្បាប់ និងប្រជាជនគោរពច្បាប់ តែច្បាប់ត្រូវបង្កើតនិងអនុវត្តដោយអជ្ញាធរ។ ដូច្នេះហើយ ការលើកកម្ពស់កម្រិតខាងសីលធម៌របស់មនុស្សជាលក្ខណៈដែលមិនអាចខ្វះបានក្នុងការកសាងនគរ។ ខុង ជឺ ចាត់ទុកមនុស្សជាកត្តាសំខាន់ក្នុងការគ្រប់គ្រងនគរនិងក្នុងរឿងធ្វើនយោបាយ ពោលគឺ បើចង់ដឹកនាំនិងគ្រប់គ្រងនគរឲ្យបានល្អ រឿងសំខាន់គឺអ្នកកាន់អំណាច។ ដូចនេះហើយបានជា អ្នកកាន់អំណាចគួរតែបណ្តុះគុណសម្បត្តិខាងសីលធម៌ឲ្យខ្ពង់ខ្ពស់។

33. 人道敏政，地道敏树

【原文】

人道敏政，地道敏树。

《中庸·第二十章》

【释文】

治理人的正道是勤于政事，治理地的正道是勤种庄稼。

【解析】

只有勤政，才能建功。

33. គ្រប់គ្រងនយោបាយឲ្យបានល្អជាមុនសិន ដើម្បីគ្រប់គ្រងប្រជាជនឲ្យបានល្អ ខំព្យាយាមដាំដំណាំជាមុនសិនដើម្បីគ្រប់គ្រងដីស្រែឲ្យបានល្អ

【សេចក្តីអធិប្បាយ】

គ្រប់គ្រងនយោបាយឲ្យបានល្អជាមុនសិន ដើម្បីគ្រប់គ្រងប្រជាជនឲ្យបានល្អ ខំព្យាយាមដាំដំណាំជាមុនសិន ដើម្បីគ្រប់គ្រងដីស្រែឲ្យបានល្អ។

(ជុងយុង•ជំពូកទី២០)

【ការពន្យល់】

មានតែធ្វើនយោបាយឲ្យបានល្អ ទើបអាចកសាងសមិទ្ធផលយ៉ាងធំធេងនៅក្នុងប្រទេស។

仁者人也，义者宜也

មេត្តាធម៌មានន័យថាសេចក្តីស្រឡាញ់ យុត្តិធម៌មានន័យថាធ្វើការអ្វីមួយឲ្យត្រឹមត្រូវ

34. 仁者人也，义者宜也

【原文】

仁者，人也，亲亲为大。义者，宜也，尊贤为大。

《中庸·第二十章》

【释文】

仁就是爱人，亲爱自己的亲人是最根本的仁。义就是事事做得适宜，尊重贤人是最重要的义。

【解析】

儒家认为，孝悌是仁德的根本，由孝悌可以拓展为忠恕与爱民。儒家又认为，仁是心，义是路，君子当“居仁由义”，推行贤能政治，就是实现社会公平正义最重要的保证。

34. មេត្តាធម៌មានន័យថាសេចក្តីស្រឡាញ់ យុត្តិធម៌មានន័យថាធ្វើការអ្វីមួយឲ្យត្រឹមត្រូវ

【សេចក្តីអធិប្បាយ】

មេត្តាធម៌មានន័យថាសេចក្តីស្រឡាញ់ ហើយសេចក្តីស្រឡាញ់ចំពោះញាតិខ្លួនឯងគឺជាសារៈសំខាន់នៃមេត្តាធម៌។ យុត្តិធម៌មានន័យថាធ្វើការអ្វីមួយឲ្យត្រឹមត្រូវ ហើយការគោរពចំពោះអ្នកដែលមានសីលធម៌និងបញ្ញាញាណដ៏ខ្ពង់ខ្ពស់គឺជាសារៈសំខាន់នៃយុត្តិធម៌។

(ជុងយុង•ជំពូកទី២០)

【ការពន្យល់】

លទ្ធិខុងជឺយល់ថា កតញ្ញូតាធម៌គឺជាឫសគល់នៃមេត្តាធម៌និងសីលធម៌ដូច្នេះហើយ កតញ្ញូតាធម៌នឹងអភិវឌ្ឍទៅជាសេចក្តីស្មោះត្រង់ អធ្យាស្រ័យនិងសេចក្តីស្រឡាញ់ចំពោះប្រជារាស្ត្រ។ លទ្ធិខុងជឺក៏យល់ដែរថា មេត្តាធម៌ប្រៀបដូចចិត្ត យុត្តិធម៌ប្រៀបដូចផ្លូវ ឧត្តមជនគួរតែ《មានមេត្តាធម៌ក្នុងចិត្តនិងប្រព្រឹត្តដោយយុត្តិធម៌》 ហើយអនុវត្តតាមនយោបាយដែលមានសីលធម៌និងបញ្ញាញាណដ៏ខ្ពង់ខ្ពស់ទៀតផង ដែលនេះជាការធានាមួយដ៏សំខាន់ ដែលនាំឲ្យសម្រេចបាននូវសមធម៌និងយុត្តិធម៌ក្នុងសង្គម។

35. 天下之五达道

【原文】

君臣也，父子也，夫妇也，昆弟也，朋友之交也；五者，天下之达道也。

《中庸·第二十章》

【释文】

君臣、父子、夫妇、兄弟、朋友之间的交往，这五项是天下人普遍的伦常关系。

【解析】

儒家主张父慈子孝，兄友弟恭，君臣相得，夫妻相敬，朋友有信，认为这是社会上最普遍的伦理道德。

35. មនុស្សម្នាក់ៗគួរតែគោរពតាមទំនាក់ទំនង៥យ៉ាងខាងសីលធម៌ក្នុងជីវភាពរស់នៅក្នុងសង្គមនេះ

【សេចក្តីអធិប្បាយ】

ទំនាក់ទំនងរវាង ស្តេចនិងមន្ត្រីរាជការ ឪពុកនិងកូនប្រុស ស្វាមីនិងភរិយា បងប្រុសនិងប្អូនប្រុស ហើយនិងមិត្តភក្តិ គឺជាទំនាក់ទំនង៥យ៉ាងខាងសីលធម៌ដែលមនុស្សម្នាក់ៗគួរតែគោរពតាមក្នុងជីវភាពរស់នៅក្នុងសង្គមនេះ។

(ជុងយុង•ជំពូកទី២០)

【ការពន្យល់】

លទ្ធិខុងជឺយល់ថា ឪពុកម្តាយស្រឡាញ់កូនៗ កូនៗមានកតញ្ញូតាធម៌ចំពោះឪពុកម្តាយ បងប្រុសស្រឡាញ់ប្អូនប្រុស ប្អូនប្រុសគោរពបងប្រុស ស្តេចនិងមន្ត្រីរាជការជិតស្និទ្ធនឹងគ្នា ស្វាមីនិងភរិយាគោរពគ្នា មិត្តភក្តិគោរព ពាក្យសន្យានឹងគ្នា ទាំងនេះគឺជាទំនាក់ទំនង៥យ៉ាងខាងសីលធម៌ក្នុងសង្គមនេះ។

天下之三达德

បញ្ញាញាណ មេត្តាធម៌ និងសេចក្តីអង់អាចក្លាហាន
ជាសីលធម៌បីយ៉ាងដ៏សំខាន់

趙

36. 天下之三达德

【原文】

知、仁、勇三者，天下之达德也，所以行之者一也。

《中庸·第二十章》

【释文】

智、仁、勇这三种道德，是天下人用来处理这五项伦常关系的德行，至于这三种德行的实施，道理都是一样的。

【解析】

孔子说：聪明的人不会被迷惑，有仁德的人没有忧虑，勇敢的人无所畏惧。

36. បញ្ញាញាណ មេត្តាធម៌ និងសេចក្តីអង់អាចក្លាហាន ជាសីលធម៌បីយ៉ាងដ៏សំខាន់

【សេចក្តីអធិប្បាយ】

បញ្ញាញាណ មេត្តាធម៌ និងសេចក្តីអង់អាចក្លាហាន ជាសីលធម៌បីយ៉ាងដ៏សំខាន់ ក៏ជាចរិយាសីលធម៌ដែលមនុស្សម្នាក់ៗគោរពតាមទំនាក់ទំនងសីលធម៌៥យ៉ាងក្នុងជីវភាពរស់នៅក្នុងសង្គមនេះ ហើយការប្រព្រឹត្តសីលធម៌ទាំងបីនេះសំខាន់ដូចគ្នា។

(ជុងយុង•ជំពូកទី២០)

【ការពន្យល់】

ខុងជឺធ្លាប់និយាយថា មនុស្សឈ្លាសវៃពុំអាចត្រូវគេធ្វើឲ្យឡប់ស្មារតីបានទេ មនុស្សដែលមានមេត្តាធម៌និងសីលធម៌ពុំមានសេចក្តីព្រួយបារម្ភទេ មនុស្សអង់អាចក្លាហានពុំមានសេចក្តីភ័យខ្លាចទេ។

37. 好学近乎知，力行近乎仁，知耻近乎勇

【原文】

好学近乎知，力行近乎仁，知耻近乎勇。

《中庸·第二十章》

【释文】

喜欢学习就接近了智，努力实行就接近了仁，知道羞耻就接近了勇。

【解析】

这里进一步指明了完善“三达德”的具体途径。

37. ការចូលចិត្តរៀនសូត្រ មានន័យថា ជិតទៅដល់បញ្ញាញាណ ការប្រព្រឹត្តអ្វីមួយដោយខិតខំប្រឹងប្រែងមានន័យថាជិតទៅដល់មេត្តាធម៌ ការចេះខ្មាសអៀនមានន័យថាជិតទៅដល់សេចក្ដីអង់អាចក្លាហាន

【សេចក្ដីអធិប្បាយ】

បុគ្គលណាដែលចូលចិត្តរៀនសូត្រ នឹងទៅដល់កម្រិតបញ្ញាញាណបន្តិចម្ដងៗ បុគ្គលណាដែលប្រព្រឹត្តអ្វីមួយដោយខិតខំប្រឹងប្រែងនឹងទៅដល់កម្រិតមេត្តាធម៌បន្តិចម្ដងៗ បុគ្គលណាដែលចេះខ្មាសអៀន នឹងទៅដល់សេចក្ដីអង់អាចក្លាហានបន្តិចម្ដងៗ។

(ជុងយុង•ជំពូកទី២០)

【ការពន្យល់】

ទាំងនេះបានបញ្ជាក់ពីមធ្យោបាយសម្រាប់បណ្ដុះបណ្ដាលសីលធម៌ទាំងបីយ៉ាង(គឺបញ្ញាញាណ មេត្តាធម៌ និងសេចក្ដីអង់អាចក្លាហាន) យ៉ាងច្បាស់លាស់ហើយ។

凡为天下国家有九经

ការគ្រប់គ្រងនគរនិងប្រទេសមានគោលការណ៍ ៩ យ៉ាង

38. 凡为天下国家有九经

【原文】

凡为天下国家有九经，曰：修身也，尊贤也，亲亲也，敬大臣也，体群臣也，子庶民也，来百工也，柔远人也，怀诸侯也。

《中庸·第二十章》

【释文】

大凡治理天下和国家有九条常道。那就是：修养自身，尊重贤人，亲爱亲人，礼敬大臣，体恤群臣，爱民如子，招纳工匠，优待远客，安抚诸侯。

【解析】

这九条常道是以“修身”为根本出发点。孔子主张：修养自己，使自己严肃恭敬；修养自己，使别人安乐；修养自己，使天下所有老百姓都安乐。

38. ការគ្រប់គ្រងនគរនិងប្រទេសមានគោលការណ៍ ៩ យ៉ាង

【សេចក្ដីអធិប្បាយ】

ក្នុងការគ្រប់គ្រងនគនិងប្រទេសរមានគោលការណ៍ ៩ យ៉ាង ពោលគឺ បណ្ដុះគុណ សម្បត្តិដល់ខ្លួនឯង គោរពអ្នកមានសីលធម៌ ស្រឡាញ់ញាតិជិតស្និទ្ធ គោរពមន្ត្រីធំរាជការ អាណិតអាសូរមន្ត្រីទាំងអស់ ស្រឡាញ់ប្រជារាស្ត្រប្រៀបដូចស្រឡាញ់ក្មេងៗ ជ្រើសរើសជំនាញគ្រប់បែបយ៉ាង និងទទួលភ្ញៀវដែលមកពីទីកន្លែងឆ្ងាយ ហើយនាំសេចក្ដីសុខឲ្យស្ដេចត្រាញ់ទៀត។

(ជុងយុង•ជំពូកទី២០)

【ការពន្យល់】

គោលការណ៍ ៩ យ៉ាងនេះ គឺជាចំណុចឫសគល់ សម្រាប់បណ្ដុះគុណសម្បត្តិដល់ខ្លួនឯង។ ខុង ជឺ យល់ថា បណ្ដុះគុណសម្បត្តិដល់ខ្លួនឯង ដើម្បីធ្វើឲ្យខ្លួនមានសេចក្ដីតឹងរ៉ឹងនិងសេចក្ដីគោរព បណ្ដុះគុណសម្បត្តិដល់ខ្លួនឯង ដើម្បីធ្វើឲ្យអ្នកដទៃមានសេចក្ដីសុខនិងសេចក្ដីសប្បាយ បណ្ដុះគុណសម្បត្តិដល់ខ្លួនឯង ដើម្បីធ្វើឲ្យប្រជាជនសាមញ្ញក្នុងលោកមានភាពសុខសាន្ត។

凡事豫则立，不豫则废

ទោះជាធ្វើអ្វីមួយក៏ដោយ បើមានការត្រៀមបំរុងទុកជាមុន មុខជានឹងទទួលបានជោគជ័យ

បើពុំមានការត្រៀមបំរុងទុកជាមុនទេ មុខជានឹងទទួលបរាជ័យ

39. 凡事豫则立，不豫则废

【原文】

凡事豫则立，不豫则废。

《中庸·第二十章》

【释文】

任何事情，事先有预备就会成功，没有预备就会失败。

【解析】

做任何事情都要预先规划。尤其是治理国家，一定要有明确的目标，长远的规划，要预先制订出切实可行的措施。

39. ទោះជាធ្វើអ្វីមួយក៏ដោយ បើមានការត្រៀមបំរុងទុកជាមុន មុខជានឹងទទួលបានជោគជ័យ បើពុំមានការត្រៀមបំរុងទុកជាមុនទេ មុខជានឹងទទួលបរាជ័យ

【សេចក្តីអធិប្បាយ】

ទោះជាធ្វើអ្វីមួយយ៉ាងណាក៏ដោយ ប្រសិនបើមានការត្រៀមបំរុងទុកជាមុន មុខជានឹងទទួលបានជោគជ័យ ប្រសិនបើពុំមានការត្រៀមបំរុងទុកជាមុនទេ មុខជានឹងទទួលបរាជ័យ។

(ជុងយុង•ជំពូកទី២០)

【ការពន្យល់】

ទោះជាធ្វើអ្វីមួយយ៉ាងណាក៏ដោយ គួរតែមានការត្រៀមបំរុងនិងគ្រោងផែនការទុកជាមុន ជាពិសេសក្នុងការគ្រប់គ្រងនគរ នោះមុខជានឹងមានគោលដៅច្បាស់លាស់និងគម្រោងការយូរអង្វែង ព្រមទាំងរកមធ្យោបាយឬវិធានការតាមការពិតជាក់ស្តែង។

40. 诚者天之道，诚之者人之道

【原文】

诚者，天之道也；诚之者，人之道也。

《中庸·第二十章》

【释文】

真诚是上天的原则，追求真诚是做人的原则。

【解析】

所谓“人之诚”，就是真诚无妄，专一不二，恪守中道，谨言慎行。人如能保持“从容中道”的本性，就是“善”，就与天道相符合，达到“天人合一”。

40. សេចក្តីស្មោះត្រង់គឺមកពីក្រឹត្យក្រមនៃធម្មជាតិ ហើយការស្វែងរកសេចក្តីស្មោះត្រង់ ជាគោលការណ៍សំរាប់ធ្វើជាមនុស្ស

【សេចក្តីអធិប្បាយ】

សេចក្តីស្មោះត្រង់ គឺមកពីក្រឹត្យក្រមរបស់ធម្មជាតិ ហើយការស្វែងរកសេចក្តីស្មោះត្រង់ជាគោលការណ៍សម្រាប់ធ្វើជាមនុស្ស។

(ជុងយុង•ជំពូកទី២០)

【ការពន្យល់】

《សេចក្តីស្មោះត្រង់របស់មនុស្ស》មកពីសេចក្តីស្មោះត្រង់ឥតក្លែងក្លាយ ការមិនងាកចិត្ត ការគោរពតាមទស្សនវិជ្ជាជុងយុង ការមានសេចក្តីប្រយ័ត្នប្រយែងលើពាក្យសម្តីនិងអំពើ។ បើមនុស្សមានសភាវធម៌《ដែលប្រកាន់ខ្ជាប់នូវទស្សនវិជ្ជាជុងយុង》តាំងពីកំណើត ក្នុងនោះមាន《ភាពល្អ》វាសមស្របនឹងក្រឹត្យក្រមនៃធម្មជាតិ ទីបំផុត《ធម្មជាតិនិងមនុស្សនឹងមានឯកភាព》។

诚之者，择善而固执

មនុស្សចង់បានភាពស្មោះត្រង់ គួរតែស្វែងរកគោលដៅមួយប្រកប

ដោយ《ភាពល្អ》 ហើយស្វែងរកវាដោយរឹងប៉ឹង

41. 诚之者，择善而固执

【原文】

诚者，不勉而中，不思而得，从容中道，圣人也。诚之者，择善而固执之者也：博学之，审问之，慎思之，明辨之，笃行之。

《中庸·第二十章》

【释文】

天生真诚的人，不用勉强就能做到，不用思考就能拥有，从容不迫地走在中庸的大道上，这样的人就是圣人。努力做到真诚，就要选择“善”并执着地追求：广泛地学习，详细地询问，周密地思考，明确地分辨，切实地实行。

【解析】

人一旦认定了“善”的目标或理想，就要一心一意全力以赴去追求，这就叫作“择善而固执”。至于如何“择善”，则要在博学、审问、慎思、明辨的基础上，明确认定了“善”的目标或理想，然后“笃行之”，诚心去追求，力求它的实现。孔子论“诚”，实际上是论人的信仰和追求，也就是对中庸之道的信仰和追求。

41. មនុស្សចង់បានភាពស្មោះត្រង់ គួរតែស្វែងរកគោលដៅមួយប្រកបដោយ《ភាពល្អ》ហើយស្វែងរកវាដោយរឹងប៉ឹង

【សេចក្តីអធិប្បាយ】

មនុស្សមានភាពស្មោះត្រង់តាំងពីកំណើត ពេលធ្វើអ្វីមួយ មនុស្សនោះមុខជានឹងធ្វើឲ្យបានល្អដោយមិនបង្អំ ពេលចង់បានអ្វីមួយ មនុស្សនោះមុខជានឹងយកបាន ហើយប្រកាន់នូវទស្សនវិជ្ជាជុងយុងយ៉ាងខ្ជាប់ខ្ជួន មនុស្សបែបនេះជាមនុស្សអស្ចារ្យ។ មនុស្សចង់បានភាពស្មោះត្រង់ គួរតែស្វែងរកគោលដៅប្រកបដោយ《ភាពល្អ》ហើយស្វែងរកវាដោយរឹងប៉ឹង ដូចជា សិក្សាឲ្យបានទូលំទូលាយ សួរឲ្យបានពិស្តារ គិតឲ្យបានល្អិតល្អន់ ស្គាល់ឲ្យបានច្បាស់លាស់ និងអនុវត្តឲ្យបានជាក់ស្តែង។

(ជុងយុង•ជំពូកទី២០)

【ការពន្យល់】

បុគ្គលណាចង់បានគោលដៅ ឬឧត្តមគតិមួយដែលប្រកបដោយ《ភាពល្អ》 បុគ្គលនោះគួរតែស្វែងរកនិងសម្រេចបានឲ្យអស់ពីកម្លាំងកាយចិត្ត នេះគឺជា《ការស្វែងរកនូវគោលដៅដ៏ល្អ ដែលចង់សម្រេចបាននោះ ដោយមិនងាករេ》។ ចំណែក《របៀបសម្រាប់ស្វែងរកគោលដៅមួយប្រកបដោយភាពល្អ》វិញសំខាន់ណាស់ យើងត្រូវធ្វើការទាំងនេះឲ្យបានល្អជាមុនសិន ពោលគឺ រៀនសូត្រឲ្យបានទូលំទូលាយ សួរឲ្យបានពិស្តារ គិតឲ្យបានល្អិតល្អន់ និងស្គាល់ឲ្យបានច្បាស់លាស់ បន្ទាប់មក ជ្រើសរើសគោលដៅឬឧត្តមគតិមួយប្រកបដោយ《ភាពល្អ》 ហើយស្វែងរកវាដោយរឹងប៉ឹង ទីបំផុត អនុវត្តឲ្យបានជាក់លាក់ នោះទើបសម្រេចគោលដៅឬឧត្តមគតិនោះបាន។ ខុង ជឺ យល់ថា《ភាពស្មោះត្រង់》មានន័យថាការកាន់ជំនឿនិងការស្វែងរកគោលដៅដោយរឹងប៉ឹងរបស់មនុស្ស ពោលមួយបែបទៀតថា ជឿនិងស្វែងរកទៅលើទស្សនវិជ្ជាជុងយុងដោយខ្ជាប់ខ្ជួន។

42. 人一能之己百之，人十能之己千之

【原文】

人一能之，己百之；人十能之，己千之。果能此道矣，虽愚必明，虽柔必强。

《中庸·第二十章》

【释文】

别人用一分努力就能做到的，我用一百分的努力去做；别人用十分的努力做到的，我用一千分的努力去做。如果真能够做到这样，虽然愚笨也一定可以聪明起来，虽然柔弱也一定可以刚强起来。

【解析】

对理想的追求，需要决心和毅力，有时可能需要付出较之常人百倍千倍的努力。

42. អ្នកដទៃទទួលបានជោគជ័យដោយសេចក្ដីខំប្រឹងប្រែងមួយភាគមួយរយ រីឯខ្ញុំវិញទទួលបានជោគជ័យដោយសេចក្ដីខំប្រឹងប្រែងមួយរយភាគរយ

【សេចក្ដីអធិប្បាយ】

អ្នកដទៃទទួលបានជោគជ័យដោយសេចក្ដីខំប្រឹងប្រែងមួយភាគមួយរយ រីឯខ្ញុំវិញទទួលបានជោគជ័យដោយសេចក្ដីខំប្រឹងប្រែងមួយរយភាគរយ។ អ្នកដទៃសម្រេចបានដោយសេចក្ដីខំប្រឹងប្រែងមួយភាគមួយពាន់ រីឯខ្ញុំវិញសំរេចបានដោយសេចក្ដីខំប្រឹងប្រែងមួយពាន់ភាគមួយពាន់។ បើធ្វើដូច្នេះ ទោះជាល្ងង់ក៏ដោយ មនុស្សនោះមុខជានឹងឈ្លាសវៃបន្តិចម្ដងៗ ទោះជាទន់ខ្សោយក៏ដោយ មនុស្សនោះមុខជានឹងមាំមួនបន្តិចម្ដងៗ។

(ជុងយុង•ជំពូកទី២០)

【ការពន្យល់】

មនុស្សយើងត្រូវមានបេ្ដជ្ញាចិត្តនិងឆន្ទៈ ដើម្បីស្វែងរក និងសម្រេចបានឧត្ដមគតិរបស់ខ្លួន ជួនកាល ត្រូវការការខិតខំប្រឹងប្រែងដ៏ច្រើនជាងអ្នកដទៃដោយរាប់រយរាប់ពាន់ដង។

自诚明谓之性，自明诚谓之教

ការមានចិត្តស្មោះត្រង់ដោយសារយល់មូលហេតុទាំងអស់បន្តិចម្តងៗ នេះហៅថាការប្រៀន

ប្រដៅពីអ្នកដទៃនិងការប្រឹងប្រែងរបស់ខ្លួនតាមក្រោយ

知先行後

43. 自诚明谓之性，自明诚谓之教

【原文】

自诚明，谓之性；自明诚，谓之教。

《中庸·第二十一章》

【释文】

由于内心真诚而自然明白道理，这叫作天赋的本性；由明白道理后做到真诚，这叫作后天人为的教化。

【解析】

子思认为，圣人内心诚实而领会了中庸之道，明确了事理，这是他先天具有的本性。一般人通过学习领会了中庸之道，明确了事理，这是后天教育的结果。天赋的真诚本性固然可贵，后天的教化修养也同样重要。

43. ការមានចិត្តស្មោះត្រង់ ដោយសារយល់មូលហេតុទាំងអស់បន្តិចម្តងៗ នេះហៅថាការប្រៀនប្រដៅពីអ្នកដទៃ និងការប្រឹងប្រែងរបស់ខ្លួនតាមក្រោយ

【សេចក្តីអធិប្បាយ】

ការយល់មូលហេតុទាំងអស់ដោយសារមានចិត្តស្មោះត្រង់ នេះហៅថាសភាវធម៌តាំងពីកំណើត។ រីឯការមានចិត្តស្មោះត្រង់ដោយសារយល់នូវមូលហេតុទាំងអស់បន្តិចម្តងៗ នេះហៅថាការប្រៀនប្រដៅពីអ្នកដទៃនិងការប្រឹងប្រែងរបស់ខ្លួនតាមក្រោយ។

(ជុងយុង•ជំពូកទី២១)

【ការពន្យល់】

ជឺ សី យល់ថា មនុស្សអស្ចារ្យរៀនចេះទ្រឹស្តីនៃទស្សនវិជ្ជាជុងយុងដោយមានចិត្តស្មោះត្រង់ គេហៅនេះជាចរិតដ៏ល្អពីកំណើត។ ប្រជាជនសាមញ្ញរៀនចេះទ្រឹស្តីនៃទស្សនវិជ្ជាជុងយុងពីការរៀនសូត្រ គេហៅនេះជាផលបានពីការបណ្តុះបណ្តាលតាមក្រោយ។ ភាពស្មោះត្រង់ពីកំណើត គឺថ្លៃថ្នូរ តែការបណ្តុះបណ្តាលតាមក្រោយក៏សំខាន់ដូចគ្នា។

44. 诚则明矣，明则诚矣

【原文】

诚则明矣，明则诚矣。

《中庸·第二十一章》

【释文】

内心真诚也就会自然明白道理，明白道理后也就会做到内心真诚。

【解析】

内心诚实与明确事理两者是相互为用的。内心诚实就可以日渐明确事理，而日渐明确事理又可使内心日益诚实。可知偏执绝非真正的信仰，而信仰也绝非愚昧的盲从。

44. បុគ្គលណាមានភាពស្មោះត្រង់ក្នុងចិត្ត បុគ្គលនោះមុខជានឹងយល់មូលហេតុជាច្រើនក្នុងលោកនេះ

【សេចក្តីអធិប្បាយ】

បុគ្គលណាមានភាពស្មោះត្រង់ក្នុងចិត្ត បុគ្គលនោះមុខជានឹង យល់មូលហេតុជាច្រើនក្នុងលោកនេះ។ បុគ្គលណាយល់មូលហេតុជាច្រើន ក្នុងលោកនេះរួច ទើបមានភាពស្មោះត្រង់ក្នុងចិត្ត។

(ជុងយុង•ជំពូកទី២១)

【ការពន្យល់】

ការមានភាពស្មោះត្រង់ក្នុងចិត្ត និងការយល់នូវមូលហេតុជាច្រើន មានឥទ្ធិពលលើគ្នាទៅវិញទៅមក។ ប្រសិនបើបុគ្គលណាមានភាពស្មោះត្រង់ក្នុងចិត្ត បុគ្គលនោះ មុខជានឹងយល់មូលហេតុជាច្រើនបន្តិចម្តងៗ ឯការយល់មូលហេតុជាច្រើន អាចធ្វើឲ្យមានភាពស្មោះត្រង់ក្នុងចិត្តបន្តិចម្តងៗ។ ដូច្នេះហើយបានជា ការស្វែងរកអ្វីមួយយ៉ាងស្វិតស្វាញមិនមែនជាជំនឿពិតប្រាកដទេ ហើយជំនឿពិតប្រាកដមិនមែនជាការជឿដោយពុំពិចារណានោះទេ។

45. 唯天下至诚，可以赞天地之化育

【原文】

唯天下至诚，为能尽其性；能尽其性，则能尽人之性；能尽人之性，则能尽物之性；能尽物之性，则可以赞天地之化育；可以赞天地之化育，则可以与天地参矣。

《中庸·第二十二章》

【释文】

只有天下最真诚的圣人能充分发挥天赋的本性；能充分发挥天赋的本性，就能充分发挥众人的本性；能充分发挥众人的本性，就能充分发挥万物的本性；能充分发挥万物的本性，就可以帮助天地化育万物；能帮助天地化育万物，就可以与天地并列为三了。

【解析】

子思认为，只有天下至诚的圣人，最能发挥其天性，做到真诚无妄，从容中道，择善固执，遵道而行。他们也能让天下之人都发挥其本然的善性，从而使天下之物也能发挥其本然的善性，使天下万物顺利生长、蓬勃发展。这样一来，人就可以参与天地的化育，人与天地就可以并列为三了。也就是说，“人”取得了与“天地”并立的崇高地位。

45. មនុស្សអស្ចារ្យដែលមានភាពស្មោះត្រង់ជាងគេ អាចជួយធម្មជាតិនិងសង្គម ជំរុញការបង្កើតអ្វីៗទាំងអស់ក្នុងលោក

【សេចក្តីអធិប្បាយ】

មនុស្សអស្ចារ្យដែលមានភាពស្មោះត្រង់ជាងគេអាចបញ្ចេញចរិតលក្ខណៈពីកំណើតយ៉ាងពេញលេញ ការបញ្ចេញចរិតលក្ខណៈពីកំណើតនឹងជំរុញការបញ្ចេញចរិតលក្ខណៈដើមរបស់មនុស្សទូទៅ ការបញ្ចេញចរិតលក្ខណៈដើមរបស់មនុស្សទូទៅនឹងជំរុញការបញ្ចេញចរិតលក្ខណៈរបស់អ្វីៗទាំងអស់ ការបញ្ចេញចរិតលក្ខណៈរបស់អ្វីៗទាំងអស់ នឹងជួយធម្មជាតិនិងសង្គមជំរុញការបង្កើតនិងការរីកចម្រើនលូតលាស់ឡើងនៃអ្វីៗទាំងអស់ក្នុងលោក បន្ទាប់មកនឹងអាចរួមទៅជាមួយធម្មជាតិនិងសង្គម ។

(ជុងយុង•ជំពូកទី២២)

【ការពន្យល់】

ជឺ សឺ យល់ថា មនុស្សអស្ចារ្យមានភាពស្មោះត្រង់ជាងគេ អាចបញ្ចេញចរិតលក្ខណៈពីកំណើត។ បើស្មោះត្រង់ឥតក្លែងក្លាយ ហើយប្រកាន់ទ្រឹស្តីនៃទស្សនវិជ្ជាជុងយុងយ៉ាងរឹងប៉ឹង ស្វែងរកគោលដៅប្រកបដោយ《ភាពល្អ》ហើយស្វែងរកវាដោយរឹងប៉ឹង ប្រព្រឹត្តតាមទ្រឹស្តីនៃទស្សនវិជ្ជាជុងយុង នោះក៏ធ្វើឲ្យមនុស្សនិងអ្វីៗទាំងអស់ក្នុងលោក បញ្ចេញនូវចរិតលក្ខណៈប្រកបដោយភាពល្អពីកំណើតធ្វើឲ្យអ្វីៗទាំងអស់ក្នុងលោករីកចម្រើនលូតលាស់ដោយងាយស្រួលដែរ។ ដូច្នេះហើយបានជា មនុស្សអាចរួមទៅជាមួយធម្មជាតិនិងសង្គមក្នុងការបង្កើតអ្វីៗរបស់ធម្មជាតិនិងសង្គម ពោលមួយបែបទៀតថា《មនុស្ស》ទទួលបានថ្នាក់មួយដ៏ខ្ពង់ខ្ពស់ និងថ្លៃថ្នូរដូច《ធម្មជាតិនិងសង្គមដែរ》។

唯天下至诚为能化

បុគ្គលណាមានភាពស្មោះត្រង់ជាងគេក្នុងលោក បុគ្គលនោះនឹងជំរុញការបង្កើតនិង
ការរីកចម្រើនលូតលាស់ឡើងនៃអ្វីៗទាំងអស់ក្នុងលោក

王陽明

46. 唯天下至诚为能化

【原文】

唯天下至诚为能化。

《中庸·第二十三章》

【释文】

只有天下最真诚的人才能化育万物。

【解析】

子思认为，那些次于圣人的贤人，可以通过一次又一次地学习和研究一个又一个具体而微的事物，领会真诚无妄的天道，从少到多，由小至大，自近及远，持之以恒，不断感动人心，同行中道，同样可以参与天地的化育，不是说只有圣人才可以参与天地的化育。

46.បុគ្គលណាមានភាពស្មោះត្រង់ជាងគេក្នុងលោក បុគ្គលនោះនឹងជំរុញការបង្កើត និងការរីកចម្រើនលូតលាស់ឡើងនៃអ្វីៗទាំងអស់ក្នុងលោក

【សេចក្ដីអធិប្បាយ】

បុគ្គលណាមានភាពស្មោះត្រង់ជាងគេក្នុងលោកបុគ្គលនោះនឹងជំរុញការបង្កើតនិងការរីកចម្រើនលូតលាស់ឡើងនៃអ្វីៗទាំងអស់ក្នុងលោក។

(ជុងយុង•ជំពូកទី២៣)

【ការពន្យល់】

ជឺ សី យល់ថា មនុស្សដែលមានសីលធម៌ធម្មតាមានកិត្តិយស បន្ទាប់ពីមនុស្សអស្ចារ្យដែលមានសីលធម៌ និងគតិបណ្ឌិតខ្ពស់បំផុត រៀនចេះពីក្រឹត្យក្រមធម្មជាតិដ៏ស្មោះត្រង់ឥតក្លែងក្លាយ តាមមធ្យោបាយនៃការសិក្សានិងស្រាវជ្រាវវត្ថុរូបីនានាដ៏ល្អិតល្អន់ពីតិចទៅច្រើន ពីតូចទៅធំ ពីជិតទៅឆ្ងាយ និងតស៊ូយ៉ាងស្វិតស្វាញ។ ក្រៅពីមនុស្សអស្ចារ្យ ក៏នៅមានមនុស្សបែបនេះដែលអាចជំរុញការបង្កើត និងការរីកចម្រើនលូតលាស់នៃអ្វីៗទាំងអស់ក្នុងធម្មជាតិ និងសង្គមដូចគ្នាដែរ។

47. 至诚之道，可以前知

【原文】

至诚之道，可以前知。

《中庸·第二十四章》

【释文】

极端真诚可以预知未来的事。

【解析】

为什么掌握了“至诚之道”，就可以预见未来呢？因为至诚之道就是中庸之道。子思认为，国家的发展如果遵循中庸之道而行，则必兴盛，如果违背中庸之道而行，必然会出现种种奇怪现象、非常现象，最后导致国家灭亡。这种“至诚之道”（也就是中庸之道），像一块试金石，用来观察现实、掌握国家走向是十分灵验的。

47. បើមានភាពស្មោះត្រង់ខ្ពស់បំផុត នោះនឹងអាចព្យាករ រឿងក្នុងពេលអនាគតបាន

【សេចក្តីអធិប្បាយ】

បើមានភាពស្មោះត្រង់ដ៏ខ្ពស់បំផុត នោះនឹងអាចព្យាកររឿង ក្នុងពេលអនាគតបាន។

(ជុងយុង•ជំពូកទី២៤)

【ការពន្យល់】

ហេតុអ្វីបានជាមនុស្សដែលយល់ពី 《អត្ថន័យនៃភាពស្មោះត្រង់ដ៏ខ្ពស់បំផុត》 នឹងអាចព្យាករពីអនាគតបាន? ពីព្រោះ 《អត្ថន័យនៃភាពស្មោះត្រង់ដ៏ខ្ពស់បំផុត》 ប្រៀបដូចជាទស្សនវិជ្ជាជុងយុង។ ជី សី យល់ថា ប្រទេសណាដំណើរការនិងអភិវឌ្ឍតាមទស្សនវិជ្ជាជុងយុង ប្រទេសនោះមុខជានឹងរីកចម្រើនយ៉ាងខ្លាំងនិងមានភាពថ្កុំថ្កើង និងភាពរុងរឿង។ ប្រទេសណាប្រឆាំងនឹងទស្សនវិជ្ជាជុងយុង ប្រទេសនោះមុខជានឹងកើតមានរឿងចម្លែកៗនិងរឿងខុសពីធម្មតា រួចហើយធ្វើឲ្យប្រទេសនោះវិនាសសាបសូន្យ។ ទស្សនវិជ្ជាជុងយុង ប្រៀបដូចជាថ្មខ្មៅដ៏រឹង ដែលគេយកមកសាកមើលមាសថា សុទ្ធឬមិនសុទ្ធ វាស័ក្តិសិទ្ធិណាស់ សម្រាប់ការសង្កេតមើលការពិតនិងការព្យាករពីអនាគតរបស់ប្រទេស។

国家将兴，必有祯祥

ប្រសិនបើមានប្រផ្នូលល្អប្រសើរមួយ ប្រទេសនេះនឹងអភិវឌ្ឍយ៉ាងខ្លាំង
ហើយមានភាពថ្កុំថ្កើងនិងភាពរុងរឿង

48. 国家将兴，必有祯祥

【原文】

国家将兴，必有祯祥；国家将亡，必有妖孽。

《中庸·第二十四章》

【释文】

国家将要兴旺，一定会有吉祥的征兆；国家将要衰亡，一定会有不祥的反常现象。

【解析】

国家兴衰，都会有先兆。因此，执政者要“知几”（几：苗头，征兆）。知几，就是要见几而作，抢占先机，或防微杜渐，让问题消灭在萌芽状态。

48. ប្រសិនបើមានប្រផ្នូលដ៏ល្អប្រសើរមួយ ប្រទេសនេះនឹងអភិវឌ្ឍយ៉ាងខ្លាំង ហើយមានភាពថ្កុំថ្កើងនិងភាពរុងរឿង

【សេចក្តីអធិប្បាយ】

ប្រសិនបើមានប្រផ្នូលល្អប្រសើរមួយ ប្រទេសនេះនឹងអភិវឌ្ឍយ៉ាងខ្លាំង ហើយមានភាពថ្កុំថ្កើងនិងភាពរុងរឿង។ ប្រសិនបើមានប្រផ្នូលដ៏អាក្រក់មួយ ដែលកើតមានរឿងចម្លែកៗ ប្រទេសនេះនឹងវិនាសសាបសូន្យ។

(ជុងយុង•ជំពូកទី២៤)

【ការពន្យល់】

ទោះជា ប្រទេសនេះរីកចម្រើនក្តី អន់ថយក្តី សុទ្ធតែមានប្រផ្នូលជាមុន។ ដូច្នេះអ្នកកាន់អំណាចគួរតែចេះព្យាករប្រផ្នូលរបស់រឿង ដែលមិនទាន់កើតឡើងនោះឬរឿងអាក្រក់ដែលមិនទាន់លេចចេញនោះ ហើយឆ្លៀតឱកាសកំចាត់បញ្ហាដែលមិនទាន់កើតឡើងនោះឬបញ្ហាអាក្រក់ ដែលមិនទាន់លេចចេញនោះចោល។

49. 至诚如神

【原文】

祸福将至，善，必先知之，不善，必先知之。故至诚如神。

《中庸·第二十四章》

【释文】

祸福将要来临时，是福一定可以预先知道，是祸也一定可以预先知道。所以极端真诚就像神灵一样神奇微妙可以预知未来。

【解析】

有了极端真诚的信仰和追求，就能保持清醒的头脑，作出正确的判断，从而采取措施，积极应对。

49. បុគ្គលណាមានភាពស្មោះត្រង់ខ្ពស់បំផុត បុគ្គលនោះមុខជានឹងចេះព្យាករពីអនាគតយ៉ាងស័ក្តិសិទ្ធិដូចទេវតា

【សេចក្តីអធិប្បាយ】

យើងអាចព្យាករប្រផ្នូលអភ័ព្វ ឬប្រផ្នូលភ័ព្វសំណាងជាមុនបាន នៅពេលដែលអភ័ព្វ ឬភ័ព្វសំណាងនោះជិតមកដល់។ ដូច្នេះហើយ បុគ្គលណាមានភាពស្មោះត្រង់ដ៏ខ្ពស់បំផុត បុគ្គលនោះ មុខជានឹងចេះព្យាករពីអនាគតយ៉ាងស័ក្តិសិទ្ធិដូចទេវតា។

(ជុងយុង•ជំពូកទី២៤)

【ការពន្យល់】

ទាល់តែកាន់ជំនឿនិងស្វែងរកគោលដៅ ដោយមានភាពស្មោះត្រង់ខ្ពស់បំផុត ទើបអាចរក្សាខួរក្បាលឲ្យស្រឡះ វិនិច្ឆ័យឲ្យត្រឹមត្រូវ ចាត់វិធានការឲ្យត្រឹមត្រូវ និងដោះស្រាយបញ្ហាយ៉ាងសកម្ម។

君子诚之为贵

ឧត្តមជនចាត់ទុកភាពស្មោះត្រង់ជាភាពថ្លៃថ្នូរ

50. 君子诚之为贵

【原文】

诚者，自成也；而道，自道也。诚者，物之终始，不诚无物。是故君子诚之为贵。

《中庸·第二十五章》

【释文】

真诚，就是成全自我、完善道德的重要准则。而大道，则是引导自我走向道德完善的道路。真诚既是万物的发端也是万物的归宿，没有真诚就没有万物。因此君子以真诚为贵。

【解析】

真诚无妄的“诚”，是人自己主动修养而形成的品德，中庸之道的“道”，是人自己主动抉择而选定的道路。因此，人们应以“诚”为贵。

50. ឧត្តមជនចាត់ទុកភាពស្មោះត្រង់ជាភាពថ្លៃថ្នូរ

【សេចក្តីអធិប្បាយ】

ភាពស្មោះត្រង់គឺជាគោលការណ៍ដ៏សំខាន់ សម្រាប់ធ្វើឲ្យខ្លួនមានសុក្រឹតភាពនិងបណ្តុះសីលធម៌ដល់ខ្លួន។ ឯគោលការណ៍ដ៏សំខាន់ គឺណែនាំខ្លួនឲ្យដើរទៅរកផ្លូវមួយដែលបណ្តុះសីលធម៌ឲ្យបានល្អ។ ភាពស្មោះត្រង់ប្រៀបដូចជាភាពដើមនៃអ្វីៗទាំងអស់ ហើយក៏ប្រៀបដូចជាភាពចុងនៃអ្វីៗទាំងអស់ផងដែរ គ្មានភាពស្មោះត្រង់ នោះក៏គ្មានអ្វីៗទាំងអស់។ ដូច្នេះហើយ ឧត្តមជនចាត់ទុកភាពស្មោះត្រង់ជាភាពថ្លៃថ្នូរ។

(ជុងយុង•ជំពូកទី២៥)

【ការពន្យល់】

ភាពស្មោះត្រង់គឺជាសីលធម៌ម្យ៉ាងដែលមនុស្សអាចទទួលបានតាមរយៈការបណ្តុះគុណសម្បត្តិខ្លួន។ ទ្រឹស្តីនៃទស្សនវិជ្ជាជុងយុងគឺជាផ្លូវមួយដែលខ្លួនជ្រើសរើសយក និងតាមរក។ ប្រជាជនគួរតែចាត់ទុកភាពស្មោះត្រង់ជាភាពថ្លៃថ្នូរ។

诚者，既成己又成物

ភាពស្មោះត្រង់មានន័យថាការបណ្តុះខ្លួនឲ្យមានសុក្រឹតភាព

និងការបណ្តុះឲ្យអ្វីៗទាំងអស់មានសុក្រឹតភាព

51. 诚者，既成己又成物

【原文】

诚者，非自成己而已也，所以成物也。

《中庸·第二十五章》

【释文】

真诚并不是自我完善就够了，而是还要完善万物。

【解析】

对“至诚之道”（也就是中庸之道）的信仰和追求，既“成己”（修身），又“成物”（齐家治国平天下），两者是紧密联系在一起的。

51. ភាពស្មោះត្រង់មានន័យថា ការបណ្ដុះនូវខ្លួនឲ្យមានសុក្រឹតភាព និងការបណ្ដុះឲ្យអ្វីៗទាំងអស់មានសុក្រឹតភាព

【សេចក្ដីអធិប្បាយ】

ភាពស្មោះត្រង់ មិនគ្រាន់តែបណ្ដុះនូវខ្លួនឲ្យមានសុក្រឹតភាពប៉ុណ្ណោះទេ ថែមទាំងបណ្ដុះឲ្យអ្វីៗទាំងអស់មានសុក្រឹតភាពផងដែរ។

(ជុងយុង•ជំពូកទី២៥)

【ការពន្យល់】

ការស្វែងរកនិងជឿទៅលើ《គោលការណ៍នៃភាពស្មោះត្រង់ខ្ពស់បំផុត》ប្រៀបដូច ការស្វែងរកនិងជឿទៅលើទស្សនវិជ្ជាយុងយុង គួរតែ《បណ្ដុះខ្លួនខាងសីលធម៌》និង《គ្រប់គ្រងគ្រួសារឲ្យបានល្អ ដឹកនាំនគរឲ្យបានល្អ ហើយធ្វើឲ្យប្រទេសមានសន្តិភាព》។

52. 成己仁也，成物知也

【原文】

成己，仁也；成物，知也。性之德也，合外内之道也，故时措之宜也。

《中庸·第二十五章》

【释文】

自我完善是“仁”，完善万物是“智”。“仁”和“智”是出于人的本性中固有的美德，是融合自身与外物既“成己”又“成物”的普遍准则，所以任何时候施行都是适宜的。

【解析】

能“成己”，叫作“仁”；能“成物”，叫作“智”。这些都应是人本性中固有的东西。把向内以“成己”的“仁”与向外以“成物”的“智”结合起来，就是人生的正道，那是“放之四海而皆准”的普遍真理。

52. ការធ្វើឲ្យខ្លួនមានសុក្រឹតភាពហៅថា《មេត្តាធ៌ម》 ការធ្វើឲ្យអ្វីៗទាំងអស់មានសុក្រឹតភាពហៅថា《បញ្ញាញាណ》

【សេចក្តីអធិប្បាយ】

ការធ្វើឲ្យខ្លួនមានសុក្រឹតភាពហៅថា《មេត្តាធម៌》ការធ្វើឲ្យអ្វីៗទាំងអស់មានសុក្រឹតភាពហៅថា《បញ្ញាញាណ》។ 《មេត្តាធម៌》និង《បញ្ញាញាណ》 គឺជាសីលធម៌ដ៏ល្អប្រសើររបស់មនុស្សពីកំណើត ហើយក៏ជាគោលការណ៍ទូទៅដែលសម្របខ្លួនទៅនឹងវត្ថុរូបី ពោលគឺ《បណ្តុះខ្លួនខាងសីលធម៌》 និង 《គ្រប់គ្រងគ្រួសារឲ្យល្អ ដឹកនាំនគរឲ្យល្អ ហើយធ្វើឲ្យមានសន្តិភាពក្នុងប្រទេស》 ដូច្នេះហើយ ការប្រព្រឹត្តទាំងនោះចាប់ផ្តើមនៅពេលវេលាណាក៏បាន។

(ជុងយុង•ជំពូកទី២៥)

【ការពន្យល់】

《ការបណ្តុះខ្លួនខាងសីលធម៌》 ហៅថា 《មេត្តាធម៌》 《ការគ្រប់គ្រងនូវគ្រួសារនិងដឹកនាំនគរឲ្យបានល្អ ហើយធ្វើឲ្យមានសន្តិភាពនៅក្នុងប្រទេស》 ហៅថា《បញ្ញាញាណ》។ ទាំងនេះគឺជាសីលធម៌ដ៏ល្អប្រសើរមួយរបស់មនុស្សពីកំណើត។ បើយក《មេត្តាធម៌》 និង 《បញ្ញាញាណ》 មកទន្ទឹមគ្នា វានឹងរួមទៅជាផ្លូវដ៏សំខាន់សម្រាប់ជីវិត ហើយនោះគឺជាសច្ចធម៌ទូទៅក្នុងលោកនេះ។

至诚无息

ការនាំឲ្យខ្លួនមានភាពស្មោះត្រង់ដ៏ខ្ពស់បំផុត
គ្មានទីបញ្ចប់ទេ

53. 至诚无息

【原文】

故至诚无息，不息则久，久则征，征则悠远，悠远则博厚，博厚则高明。博厚，所以载物也；高明，所以覆物也；悠久，所以成物也。博厚配地，高明配天，悠久无疆。

《中庸·第二十六章》

【释文】

因此，极端真诚是没有止息的，没有止息就会保持长久，保持长久就会显露征信，显露征信就会悠远无尽，悠远无尽就会广博深厚，广博深厚就会高大光明。广博深厚，就可以承载万物；高大光明，就可以覆盖万物；悠远无尽，就可以生成万物。广博深厚可以与地相比，高大光明可以与天相比，悠远无尽则是永无止境。

【解析】

至诚之道也就是天地之道。天地是诚一不贰、纯粹精微的。所以天总是那么高明，无所不覆，地总是那么广博，无所不载。人效法天地至诚之道，执中守正，折中致和，终身奉行，永不停息，那么万物就会蓬勃发育生长。

53. ការនាំឲ្យខ្លួនមានភាពស្មោះត្រង់ដ៏ខ្ពស់បំផុត គ្មានទីបញ្ចប់ទេ

【សេចក្ដីអធិប្បាយ】

ការនាំឲ្យខ្លួនមានភាពស្មោះត្រង់ដ៏ខ្ពស់បំផុត គ្មានទីបញ្ចប់ទេ ភាពឥតឈប់ឈរបែបនេះ នឹងរក្សាឲ្យយូរអង្វែង បន្ទាប់មក កើតចេញនូវទំនុកចិត្ត ទំនុកចិត្តនឹងជំរុញឲ្យមានភាពយូរអង្វែងឥតឈប់ឈរ ភាពយូរអង្វែងឥតឈប់ឈរនឹងជំរុញឲ្យមានភាពទូលំទូលាយនិងជ្រៅជ្រះ ភាពទូលំទូលាយនិងជ្រៅជ្រះនឹងជំរុញឲ្យមានភាពខ្ពង់ខ្ពស់និងភ្លឺថ្លៃងចាំង។ ភាពទូលំទូលាយនិងជ្រៅជ្រះអាចទ្រអ្វីៗទាំងអស់ក្នុងលោកបាន ភាពខ្ពង់ខ្ពស់និងភ្លឺថ្លៃងចាំង អាចគ្របអ្វីៗទាំងអស់ក្នុងលោកបាន ភាពយូរអង្វែងឥតឈប់ឈរអាចបង្កើតអ្វីៗទាំងអស់ក្នុងលោកបាន។ ហើយភាពទូលំទូលាយនិងជ្រៅជ្រះប្រៀបបីដូចជាដែនដី ភាពខ្ពង់ខ្ពស់និងភ្លឺថ្លៃងចាំងប្រៀបបីដូចជាមេឃ ដែលយូរអង្វែងឥតឈប់ឈរ។

(ជុងយុង•ជំពូកទី២៦)

【ការពន្យល់】

ការស្វែងរកឲ្យដល់សីលធម៌ខ្ពស់បំផុតអស់ពីស្មោះចិត្តគឺជាក្រឹត្យក្រមនៃធម្មជាតិនិងសង្គម(គឺទឹកដីនិងមេឃ)ដែលប្រកបដោយភាពស្មោះត្រង់និងភាពល្អិតល្អន់។ ដូច្នេះហើយ មេឃខ្ពស់អាចគ្របអ្វីៗទាំងអស់ដែលនៅក្រោមមេឃ ទឹកដីទូលំទូលាយ អាចទ្រអ្វីៗទាំងអស់នៅលើទឹកដី។ មនុស្សធ្វើត្រាប់តាម《គោលការណ៍នៃការស្វែងរក ឲ្យដល់សីលធម៌ខ្ពស់បំផុតអស់ពីស្មោះចិត្ត》 គោរពតាមយុត្តិធម៌ និងភាពមិនលម្អៀង គោរពតាមមជ្ឈិមប្បដិបទា ហើយគោរពតាមអស់មួយជីវិតដោយឥតឈប់ឈរ ដូច្នេះហើយ អ្វីៗទាំងអស់នឹងបង្កើតឡើង ហើយរីកចម្រើនលូតលាស់យ៉ាងខ្លាំង។

54. 极高明而道中庸

【原文】

君子尊德性而道问学，致广大而尽精微，极高明而道中庸。

《中庸·第二十七章》

【释文】

君子诚心尊崇天赋的德性也努力从事后天的学习，广泛追求极其广博的知识也深入钻研极其精微的学问，达到极其高明的境界也遵循不偏不倚的中庸之道。

【解析】

圣人能效法天道，参与天地的化育。君子就应以圣人为榜样，尊重那天赋的德性而又努力问道求学，使学问既广博又精深，诚心诚意遵循中庸之道而行，从而达到最高明的境界。

54. ឧត្តមជនឈានដល់កម្រិតសីលធម៌ខ្ពស់បំផុត ហើយក៏គោរពតាមទ្រឹស្ដីនៃទស្សនវិជ្ជាជុងយុង ដែលប្រកបដោយភាពមិនលម្អៀងនោះផងដែរ

【សេចក្ដីអធិប្បាយ】

ឧត្តមជនគោរពចរិតលក្ខណៈពីកំណើតយ៉ាងស្មោះត្រង់ ហើយក៏យកចិត្តទុកដាក់ទៅលើការរៀនសូត្រ ប្រកបដោយសេចក្ដីប្រឹងប្រែងតាមក្រោយដែរ។ ឧត្តមជនស្វែងរកចំណេះវិជ្ជាដ៏ទូលំទូលាយ ហើយក៏សិក្សាស្រាវជ្រាវទៅលើចំណេះដឹងដោយល្អិតល្អន់ដែរ។ ឧត្តមជនឈានដល់កំរិតសីលធម៌ខ្ពស់បំផុត ហើយក៏គោរពតាមទ្រឹស្ដីនៃទស្សនវិជ្ជាជុងយុង ដែលប្រកបទៅដោយភាពមិនលម្អៀងនោះផងដែរ។

(ជុងយុង•ជំពូកទី២៧)

【ការពន្យល់】

មនុស្សអស្ចារ្យដែលមានសីលធម៌និងគតិបណ្ឌិតដ៏ខ្ពង់ខ្ពស់ គោរពនិងធ្វើត្រាប់តាមក្រឹត្យក្រមធម្មជាតិ ជំរុញការបង្កើត និងការរីកចម្រើនលូតលាស់នៃអ្វីៗទាំងអស់ក្នុងធម្មជាតិ និងសង្គម។ ឧត្តមជនគួរតែយកមនុស្សអស្ចារ្យបែបនោះធ្វើជាគំរូ គោរពចរិតលក្ខណៈពីកំណើតយ៉ាងស្មោះត្រង់ ហើយក៏ស្វែងរកចំណេះវិជ្ជា និងបណ្ដុះខ្លួនខាងសីលធម៌យ៉ាងប្រឹងប្រែងនាពេលក្រោយដែរ ដើម្បីធ្វើឲ្យចំណេះវិជ្ជាមានភាពទូលំទូលាយ និងភាពល្អិតល្អន់ គោរពតាមទ្រឹស្ដីនៃទស្សនវិជ្ជាជុងយុងយ៉ាងស្មោះត្រង់ ទីបំផុតឈានទៅដល់កម្រិតសីលធម៌ដ៏ខ្ពស់បំផុត។

温故而知新，敦厚以崇礼

រៀនសាឡើងវិញពីចំណេះវិជ្ជាដែលធ្លាប់រៀនជាមុនសិន បន្ទាប់មក
ទើបអាចទទួលយកចំណេះដឹងថ្មីៗបាន

55. 温故而知新，敦厚以崇礼

【原文】

温故而知新，敦厚以崇礼。

《中庸·第二十七章》

【释文】

温习已有的知识从而获得新知识，以道德的淳厚来崇奉礼仪法度。

【解析】

温习历史，继承传统，是为了获取新知，开创未来。修养身心，增强道德，是为了修明法度，治国安邦。

55. រៀនសាឡើងវិញពីចំណេះវិជ្ជា ដែលធ្លាប់រៀនជាមុនសិន បន្ទាប់មកទើបអាចទទួលយកចំណេះដឹងថ្មីបាន

【សេចក្តីអធិប្បាយ】

រៀនសាឡើងវិញពីចំណេះវិជ្ជាដែលធ្លាប់រៀនជាមុនសិន បន្ទាប់មកទើបអាចទទួលយកចំណេះដឹងថ្មីៗបាន គោរពតាមរបៀបរបបនៃសុជីវធម៌ដោយភាពស្មោះត្រង់ដែលមកពីសីលធម៌។

(ជុងយុង•ជំពូកទី២៧)

【ការពន្យល់】

រៀនសាឡើងវិញអំពីប្រវត្តិសាស្ត្រនិងបន្តផ្សព្វផ្សាយប្រពៃណីនិងទំនៀមទម្លាប់ ដើម្បីទទួលយកចំណេះដឹងថ្មីៗ និងបង្កើតអនាគតមួយដ៏ល្អប្រសើរ។ បណ្តុះគុណសម្បត្តិខាងសីលធម៌ និងពង្រឹងការបណ្តុះសីលធម៌ ដើម្បីរៀបចំច្បាប់និងគ្រប់គ្រងនគរឲ្យបានល្អ និងធ្វើឲ្យមានសន្តិភាពក្នុងប្រទេស។

56. 愚而好自用，贱而好自专，灾必及其身

【原文】

愚而好自用；贱而好自专；生乎今之世，反古之道。如此者，灾及其身者也。

《中庸·第二十八章》

【释文】

愚昧的人却往往喜欢凭自己主观想法行事，卑贱的人却往往喜欢独断专行，生于当今之世，却一心想恢复古代的礼制。这样做，灾祸一定会降临到自己的身上。

【解析】

持守中庸之道，必须依礼而行，切勿“自用”“自专”，随心所欲，自以为是，离开中庸之道，走向极端与偏执。但礼不是一成不变的，每一时代的礼相对于前代都会有所损益，盲目复古只会适得其反。礼的核心是制度和秩序，是人人必须遵守的社会行为规范，其功能是调节人与人之间的关系。礼的作用，以保持中道与和谐为可贵。儒家所说的“礼”实为中庸之道的具体体现。

56. មនុស្សល្ងង់ចូលចិត្តធ្វើការដោយអត្តនោម័តិ មនុស្សថោកទាបចូលចិត្តធ្វើការដោយផ្តាច់ការ ដូច្នេះហើយមហន្តរាយនឹងមកដល់ខ្លួនជាមិនខាន

【សេចក្តីអធិប្បាយ】

មនុស្សល្ងង់ចូលចិត្តធ្វើការដោយអត្តនោម័តិ មនុស្សថោកទាបចូលចិត្តធ្វើការដោយផ្តាច់ការ មិនទទួលយកមតិរបស់អ្នកដទៃ។ បើមនុស្សរស់នៅសម័យនេះចង់ស្តារឡើងនូវរបៀបរបបចាស់នោះ ដូច្នេះហើយ មហន្តរាយនឹងមកដល់ខ្លួនជាមិនខាន។

(ជុងយុង•ជំពូកទី២៨)

【ការពន្យល់】

បើប្រកាន់ខ្ជាប់នូវទស្សនវិជ្ជាជុងយុង គួរតែគោរពតាមរបៀបរបបនៃសុជីវធម៌ កុំគិតរឿងនិងធ្វើការដោយអត្តនោម័តិ ប្រឆាំងនឹងទស្សនវិជ្ជាជុងយុងដើរទៅកម្រិតអច្ចន្តភាព និងភាពរឹងរូស។ សុជីវធម៌មិនមែនស្ថិតស្ថេរដូចមុនមិនមែនមិនប្រែប្រួលនោះទេ សុជីវធម៌ខុសគ្នាតាមសម័យកាល ជួនកាលអាក្រក់ជាងសម័យមុន ជួនកាលល្អជាងសម័យមុន។ ការលើកតម្កើងរបៀបរបបចាស់នោះដោយឥតពិចារណា មុខជានឹងធ្វើឲ្យមានផលប៉ះពាល់អវិជ្ជមានជាក់ជាមិនខាន។ សារៈសំខាន់នៃសុជីវធម៌គឺរបៀបរបប និងសណ្តាប់ធ្នាប់សុជីវធម៌នោះ គឺជាគោលការណ៍សម្រាប់ប្រជារាស្ត្រក្នុងសង្គមគោរពតាម វាអាចសម្របសម្រួលទំនាក់ទំនងរវាងប្រជារាស្ត្រ។ សុជីវធម៌មានផលប្រយោជន៍ចំពោះការគោរពតាមទ្រឹស្តីនៃទស្សនវិជ្ជាជុងយុង និងការយកតុល្យភាពជាភាពថ្លៃថ្នូរ។ សុជីវធម៌ក្នុងលទ្ធិខុងជឺគឺជាខ្លឹមសារមួយចំនួនអំពីទ្រឹស្តីនៃទស្សនវិជ្ជាជុងយុង។

57. 君子之道百世以俟圣人而不惑

【原文】

君子之道，本诸身，征诸庶民，考诸三王而不缪，建诸天地而不悖，质诸鬼神而无疑，百世以俟圣人而不惑。

《中庸·第二十九章》

【释文】

君子治理天下应该以自身的品德为根本，并通过实践从老百姓那里得到验证，考察夏、商、周三代先王的做法而没有背谬，立于天地之间而没有悖乱，质询于鬼神而没有疑问，百世以后待圣人出现也没有什么迷惑不解的地方。

【解析】

君子处在上位，当谨慎行事，一切依中道而行。行事要根据并符合自身的修养和地位，要考虑民众的反映和诉求，要吸取历史的经验，要能经受住验证，要做到百世之后圣人来考察也不会提出质疑。总之，要对社会对民众负责，经得住历史的检验。

57. ក្រោយពីខ្លួនចែកឋានទៅហើយ មនុស្សអស្ចារ្យដែលមានសីលធម៌និងគតិបណ្ឌិតមកចោទសួរខ្លួន ហើយក៏គ្មានកន្លែងណាដែលមិនយល់ដែរ

【សេចក្តីអធិប្បាយ】

ឧត្តមជនដែលគ្រប់គ្រងប្រទេស គួរតែយកការបណ្តុះគុណសម្បត្តិខាងសីលធម៌របស់ខ្លួនជាឫសគល់ ពិនិត្យតាមការអនុវត្តដោយប្រជាជនសាមញ្ញ ស្រាវជ្រាវនិងរែកញែកធាតុពិតទៅលើនយោបាយដែលស្តេចរបស់រជ្ជកាលសៀ សាំងនិងចូវបានបង្កើតនោះ តែគ្មានមួយណាខុសទេ គិតពិចារណាដោយឈរនៅលើដី តែគ្មានអ្វីដែលមិនសមហេតុសមផលទេ ចោទសួរទៅដល់ទេវតានិងខ្មោច តែគ្មានអ្វីឲ្យឆ្ងល់ទេ។ ក្រោយពីខ្លួនចែកឋានទៅហើយ មនុស្សអស្ចារ្យដែលមានសីលធម៌ និងគតិបណ្ឌិតមកចោទសួរខ្លួន ហើយក៏គ្មានកន្លែងណាដែលមិនយល់ដែរ។

(ជុងយុង•ជំពូកទី២៩)

【ការពន្យល់】

ឧត្តមជន ដែលមានអំណាចនិងមានសីលធម៌ខ្ពស់ គួរតែប្រុងប្រយ័ត្នលើពាក្យសម្តីនិងអំពើរបស់ខ្លួន គួរតែគោរពតាមទ្រឹស្តីនៃទស្សនវិជ្ជាជុងយុង ធ្វើអ្វីគួរតែសមស្របនឹងគុណធម៌ និងឋានៈរបស់ខ្លួន គិតដល់មតិយោបល់និងការអង្វររបស់ប្រជារាស្ត្រសាមញ្ញ ទទួលយកនូវបទពិសោធន៍ក្នុងប្រវត្តិសាស្ត្រ ទទួលពិសោធន៍និងការពិនិត្យរបស់មនុស្សអស្ចារ្យ ដែលមានសីលធម៌និងគតិបណ្ឌិតខ្ពស់បំផុត ក្រោយពីចែកឋានទៅហើយ មនុស្សអស្ចារ្យបែបនោះមកចោទសួរខ្លួនរកមូលហេតុ តែខ្លួនគ្មានការភិតភ័យនិងអៀនខ្មាសឡើយ។សរុបសេចក្តីមក ឧត្តមជនគួរតែទទួលខុសត្រូវចំពោះសង្គមនិងប្រជារាស្ត្រ ទទួលយកពិសោធន៍និងការពិនិត្យក្នុងប្រវត្តិសាស្ត្រ។

君子行为天下法

កិរិយាមារយាទរបស់ឧត្តមជននឹងក្លាយទៅជាក្បួនច្បាប់ដែល

ទុកឲ្យអ្នកជំនាន់ក្រោយធ្វើតាម

58. 君子行为天下法

【原文】

是故君子动而世为天下道，行而世为天下法，言而世为天下则。

《中庸·第二十九章》

【释文】

所以君子的举止能世世代代成为天下的先导，行为能世世代代成为天下的法度，言语能世世代代成为天下的准则。

【解析】

在上位的君子行事谨慎是非常重要的，因为他的一举一动、一言一行，都是世人的榜样。

58. កិរិយាមារយាទរបស់ឧត្តមជន នឹងក្លាយជាក្បួនច្បាប់ ដែលទុកឲ្យអ្នកជំនាន់ក្រោយធ្វើតាម

【សេចក្តីអធិប្បាយ】

កិរិយាមារយាទរបស់ឧត្តមជន នឹងក្លាយទៅជាសេចក្តីនាំមុខដែលនាំអ្នកជំនាន់ក្រោយគោរពតាម។ កិរិយាមារយាទរបស់ឧត្តមជននឹងក្លាយទៅជាក្បួនច្បាប់ ដែលទុកឲ្យអ្នកជំនាន់ក្រោយធ្វើតាម ពាក្យសម្តីរបស់ឧត្តមជន ក៏នឹងក្លាយទៅជាគោលការណ៍ ដែលទុកឲ្យមនុស្សគោរពតាម ពីមួយជំនាន់ទៅមួយជំនាន់។

(ជុងយុង•ជំពូកទី២៩)

【ការពន្យល់】

ឧត្តមជនដែលមានអំណាចនិងមានសីលធម៌ខ្ពស់ គួរតែប្រុងប្រយ័ត្នលើពាក្យសម្តីនិងអំពើ ពីព្រោះពាក្យសម្តីនិងអំពើរបស់ឧត្តមជនអាចនឹងប៉ះពាល់ដល់ប្រជារាស្ត្រ និងធ្វើឲ្យប្រជារាស្ត្រយកជាគំរូតាមបាន។

仲尼祖述尧舜，宪章文武

ខុង ជឺ គោរពតាមនយោបាយរបស់ស្ដេចយ៉ាវនិងស្ដេចស៊ុន

ធ្វើត្រាប់តាមច្បាប់បញ្ញត្តិរបស់ស្ដេច ចូវ វឹនវ៉ាង និងស្ដេច ចូវ អ៊ូវ៉ាង

大成殿
萬世師表

59. 仲尼祖述尧舜，宪章文武

【原文】

仲尼祖述尧舜，宪章文武，上律天时，下袭水土。辟如天地之无不持载，无不覆帱。辟如四时之错行，如日月之代明。万物并育而不相害，道并行而不相悖。小德川流，大德敦化。此天地之所以为大也！

《中庸·第三十章》

【释文】

孔子遵循尧、舜的道统，效法文王、武王的典章，上遵循天时，下符合地理。就像天地那样没有什么不承载，没有什么不覆盖。又好像四季的交替运行，日月的轮流照耀。万物一同发育生长而不互相妨害，天地之道同时运行而不互相冲突。小的德行滋润万物如河水一样长流不息，大的德行化生万物使万物敦厚纯朴。这就是天地为什么如此伟大的原因啊！

59. ខុង ជឺ គោរពតាមនយោបាយរបស់ស្តេចយ៉ាវនិងស្តេចស៊ូន ធ្វើត្រាប់តាមច្បាប់បញ្ញត្តិរបស់ស្តេច ចូវ វឹនវ៉ាំង និងស្តេច ចូវ អ៊ូវ៉ាំង

【សេចក្តីអធិប្បាយ】

ខុង ជឺ គោរពតាមនយោបាយរបស់ស្តេចយ៉ាវនិងស្តេចស៊ូន ធ្វើត្រាប់តាមច្បាប់បញ្ញត្តិរបស់ស្តេច ចូវ វឹនវ៉ាំង និងស្តេច ចូវ អ៊ូវ៉ាំង គោរពតាមក្រឹត្យក្រមធម្មជាតិ។ អ្វីៗទាំងនោះប្រៀបដូចជាមេឃនិងទឹកដី គ្មានអ្វីដែលមិនទ្រ ហើយក៏គ្មានអ្វីដែលមិនគ្របដណ្តប់ដែរ ប្រៀបដូច រដូវទាំងបួនបានធ្វើដំណើរ និងផ្លាស់ប្តូរវេនគ្នាក្នុងមួយឆ្នាំៗឥតឈប់ឈរ ក៏ប្រៀបដូច ព្រះអាទិត្យនិងព្រះខែបំភ្លឺ និងផ្លាស់ប្តូរវេនគ្នា ក្នុងមួយឆ្នាំៗឥតឈប់ឈរ។ អ្វីៗទាំងអស់កើតមានឡើងនិងរីកចម្រើនលូតលាស់ដោយគ្មានទំនាស់ ប៉ះទង្គិចនឹងគ្នា ហើយក្រឹត្យក្រម ធម្មជាតិដើរតួនាទីដោយគ្មានទំនាស់ ប៉ះទង្គិចនឹងគ្នា។ ចរិយាមារយាទតូចតាច ធ្វើឲ្យអ្វីៗទាំងអស់ស្រស់បំព្រង ប្រៀបដូចជាទឹកទន្លេដែលហូរហៀរឥតឈប់ឈរ។ ចរិយាមារយាទធំដុំធ្វើឲ្យអ្វីៗទាំងអស់កើតមានឡើង និងរីកចម្រើនលូតលាស់។ នេះគឺជាមូលហេតុដ៏សំខាន់ដែលមេឃនិងទឹកដីមានភាពធំធេង។

(ជុងយុង•ជំពូកទី៣០)

【ការពន្យល់】

ខុង ជឺ បន្តនិងផ្សព្វផ្សាយប្រពៃណីទំនៀមទម្លាប់ពីស្តេចយ៉ាវ ស្តេចស៊ូន ស្តេចយូ ស្តេចថាំង ស្តេចវឹន ស្តេចអ៊ូនិង ចូវ កុង ហើយគោរពក្រឹត្យក្រមធម្មជាតិនៅក្នុងមេឃនិងទឹកដី។ គ្មានអ្វីដែលមេឃមិនគ្រប ហើយក៏គ្មានអ្វី

【解析】

孔子继承尧舜禹汤文武周公的传统，以天地为法。天无不覆，地无不载，四季依时轮替，日月昼夜递照，万物并育，诸道兼行。这是天地之诚，也是天地“从容中道”（从容不迫地走在中庸的大道上）的体现。

ដែលទឹកដីមិនទ្រដែរ រដូវទាំងបួនផ្លាស់ប្ដូរវេនគ្នាឥតឈប់ឈរ ព្រះអាទិត្យនិងព្រះខែបំភ្លឺនិងផ្លាស់ប្ដូរវេនគ្នាឥតឈប់ឈរ អ្វីៗទាំងអស់កើតមានឡើងនិងរីកចម្រើនលូតលាស់ជាមួយគ្នា ធម៌គ្រប់បែបយ៉ាងធ្វើដំណើរជាមួយគ្នា។ នេះជាភាពស្មោះត្រង់ដែលមកពីមេឃនិងទឹកដី ហើយក៏ជាទស្សនវិជ្ជាជុងយុងដែលមកពីមេឃនិងទឹកដីដែរ។

60. 唯天下至圣，为能聪明睿知

【原文】

唯天下至圣，为能聪明睿知，足以有临也；宽裕温柔，足以有容也；发强刚毅，足以有执也；齐庄中正，足以有敬也；文理密察，足以有别也。

《中庸·第三十一章》

【释文】

只有天下最伟大的圣人，才能如此的聪颖明智，足以居上位而临下民；才能如此的宽容温和，足以包容天下万物；才能如此的奋发刚毅，足以操持决断天下大事；才能如此的庄重恭敬持守中正，足以得到人们的尊敬；才能如此的条理清晰详辨明察，足以分辨是非善恶。

【解析】

至圣之人效法天道之诚，具有最大的聪明智慧，足以统帅民众；他内心宽厚柔顺，足以包容万物；他奋发有为，刚强坚毅，足以决

60. ទាល់តែមនុស្សអស្ចារ្យដ៏មហិមាមានសីលធម៌ និងគតិបណ្ឌិតដ៏ខ្ពស់បំផុត ទើបអាចមានភាពឆ្លាតឈ្លាសវៃបែបនេះ

【សេចក្តីអធិប្បាយ】

ទាល់តែមនុស្សអស្ចារ្យដ៏មហិមាមានសីលធម៌និងគតិបណ្ឌិតដ៏ខ្ពស់បំផុត ទើបអាចមានភាពឆ្លាតឈ្លាសវៃបែបនេះដែលអាចឡើងឋានៈខ្ពស់និងយកមកដឹកនាំប្រជាជនសាមញ្ញបាន ទើបអាចមានសេចក្តីត្រាប្រណីនិងសុភាពរាបសាបែបនេះដែលធំធេង សម្រាប់ទទួលស្គាល់អ្វីៗទាំងអស់ក្នុងលោក ទើបអាចមានសេចក្តីខិតខំប្រឹងប្រែង និងភាពរឹងប៉ឹងបែបនេះ ដែលអាចវិនិច្ឆ័យរឿងក្តីសំខាន់ៗក្នុងលោកនិងសម្រេចសេចក្តីបាន ទើបអាចមានភាពគួរសម សេចក្តីគោរពនិងភាពមិនលម្អៀងបែបនេះ ដែលអាចទទួលបានការគោរពពីប្រជាជន ទើបអាចមានសមត្ថភាពវិនិច្ឆ័យបែបនេះ ដែលអាចស្គាល់ច្បាស់អំពីភាពត្រូវនិងភាពខុស ភាពល្អនិងភាពអាក្រក់។

(ជុងយុង•ជំពូកទី៣១)

【ការពន្យល់】

មនុស្សអស្ចារ្យដ៏មហិមា ដែលមានសីលធម៌ និងគតិបណ្ឌិតដ៏ខ្ពស់បំផុត ធ្វើត្រាប់ តាមក្រឹត្យក្រមធម្មជាតិអស់ពីស្មោះចិត្ត មនុស្សអស្ចារ្យបែបនេះមានភាពឆ្លាតនិងបញ្ញាញាណខ្ពស់ ដែលអាចយកមកដឹកនាំប្រជាជន។ មនុស្សអស្ចារ្យមានសេចក្តីត្រាប្រណី និងសុភាពរាបសា ដែលធំធេងសម្រាប់ទទួលស្គាល់អ្វីៗទាំងអស់ក្នុងលោក។ មនុស្សអស្ចារ្យដាស់ចិត្ត និងប្រព្រឹត្តអ្វីមួយប្រកបដោយសេចក្តីខិតខំប្រឹងប្រែងដើម្បីធ្វើឲ្យសម្រេចបាន ហើយភាពរឹងប៉ឹង

断大事；他严肃庄重，中道而行，足以获得尊敬；他思维缜密，条理清晰，足以分辨是非。由于至圣之人以天为法，“从容中道”，所以达到最高明的境界。

និងចិត្តអត់ធ្មត់ ដែលអាចវិនិច្ឆ័យរឿងក្តីសំខាន់ៗក្នុងលោកនិងសម្រេចសេចក្តីបាន។ មនុស្សអស្ចារ្យមានសេចក្តីម៉ឺងម៉ាត់និងមានភាពគួរសម សេចក្តីគោរព ហើយគោរពតាមភាពមិនលម្អៀងដើម្បីអាចទទួលបានការគោរពពីប្រជាជន។ មនុស្សអស្ចារ្យគិតពិចារណាប្រកបដោយភាពល្អិតល្អន់ ធ្វើអ្វីមួយតាមលំដាប់លំដោយ ហើយក៏អាចស្គាល់ច្បាស់អំពីភាពត្រូវនិងភាពខុស ភាពល្អនិងភាពអាក្រក់ដែរ។ ដោយសារមនុស្សអស្ចារ្យដែលមានសីលធម៌ខ្ពស់បំផុតធ្វើគ្រាប់តាមក្រឹត្យក្រមនៃធម្មជាតិ និងគោរពតាមទស្សនវិជ្ជាជុងយុង ទើបអាចឈានដល់កម្រិតខ្ពស់បំផុតនៃសីលធម៌នៅទីបំផុត។

唯天下至诚，为能经纶天下之大经
ទាល់តែមនុស្សអស្ចារ្យដ៏មហិមាឈានដល់កម្រិតខ្ពស់បំផុតនៃភាពស្មោះត្រង់
ទើបអាចបង្កើតគោលការណ៍សម្រាប់មនុស្សគោរពតាមក្នុងលោក

61. 唯天下至诚，为能经纶天下之大经

【原文】

唯天下至诚，为能经纶天下之大经，立天下之大本，知天地之化育。

《中庸·第三十二章》

【释文】

只有天下达到诚的最高境界的圣人，才能创立天下的常道，才能树立天下的根基，才能执掌天地化育万物的规律。

【解析】

圣人为什么能创立天下的常道，树立天下的根基，执掌天地化育万物的规律呢？他所依靠的是什么呢？他的仁心是那样的诚挚，他的思虑像潭水般幽深，他的大德像苍天一样广阔。他达到了“诚”的最高境界。

61. ទាល់តែមនុស្សអស្ចារ្យដ៏មហិមាឈានដល់កម្រិតខ្ពស់បំផុតនៃភាពស្មោះត្រង់ ទើបអាចបង្កើតគោលការណ៍សម្រាប់មនុស្សគោរពតាមក្នុងលោក

【សេចក្តីអធិប្បាយ】

ទាល់តែមនុស្សអស្ចារ្យដ៏មហិមាដែលមានសីលធម៌និងគតិបណ្ឌិតដ៏ខ្ពស់បំផុត ឈានដល់កម្រិតខ្ពស់បំផុតនៃភាពស្មោះត្រង់ ទើបអាចបង្កើតគោលការណ៍សម្រាប់មនុស្សគោរពតាមក្នុងលោក ទើបអាចចាក់គ្រឹះក្នុងការបង្កើតប្រទេស ទើបអាចយោគយល់ក្រឹត្យក្រមធម្មជាតិដែលនាំឲ្យអ្វីៗទាំងអស់កើតមានឡើងនិងរីកចម្រើនលូតលាស់ក្នុងលោកនេះ។

(ជុងយុង•ជំពូកទី៣២)

【ការពន្យល់】

ហេតុអ្វីបានជាមនុស្សអស្ចារ្យដ៏មហិមាដែលមានសីលធម៌និងគតិបណ្ឌិតដ៏ខ្ពស់បំផុត អាចបង្កើតគោលការណ៍ សម្រាប់មនុស្សគោរពក្នុងលោកបាន អាចចាក់គ្រឹះក្នុងការបង្កើតប្រទេសបាន អាចយោគយល់ក្រឹត្យក្រមធម្មជាតិដែលនាំឲ្យអ្វីៗទាំងអស់កើតមានឡើង និងរីកចម្រើនលូតលាស់ក្នុងលោកនេះបាន? អ្វីដែលអាស្រ័យនោះគឺមនុស្សអស្ចារ្យនោះមានចិត្តសប្បុរសយ៉ាងស្មោះត្រង់ មានគំនិតជ្រាលជ្រៅប្រៀបដូចជាទឹកក្នុងអន្លង់ មានសីលធម៌ខ្ពស់ហើយទូលាយប្រៀបដូចជាមេឃ។ សរុបសេចក្តីមក មនុស្សអស្ចារ្យបែបនោះបានឈានដល់កម្រិតដ៏ខ្ពស់បំផុតនៃសីលធម៌។

62. 君子之道，暗然而日章

【原文】

君子之道，暗然而日章；小人之道，的然而日亡。君子之道，淡而不厌，简而文，温而理，知远之近，知风之自，知微之显，可与入德矣。

《中庸·第三十三章》

【释文】

君子所持之道，深藏不露但日益彰明；小人所持之道，光鲜显露但日益暗淡。君子所持之道，看似平淡但不使人生厌，看似简略但有文采，看似温和但条理井然，知道从近处入手可以达到远方的目标，知道从自身入手可以风化千万的民众，知道从显著入手可以进入精深微妙的境地。这样，就可以进入道德的崇高境界了。

【解析】

君子要保持心性的质朴、平淡、简易、温顺，然后才能深入至圣之人崇高的美德中。

62. គោលការណ៍ដែលឧត្តមជនប្រកាន់នោះគឺលាក់លៀមមិនបំភ្លឺទេ តែលេចចេញនូវពន្លឺបន្តិចម្ដងៗក្នុងមួយថ្ងៃ

【សេចក្ដីអធិប្បាយ】

គោលការណ៍ដែលឧត្តមជនប្រកាន់នោះ គឺលាក់លៀមមិនបំភ្លឺទេ តែលេចចេញពន្លឺបន្តិចម្ដងៗក្នុងមួយថ្ងៃ។ គោលការណ៍ដែលមនុស្សថោកទាបប្រកាន់នោះ លេចចេញនូវពន្លឺដ៏ភ្លឺចាំងចែង តែពន្លឺនោះនឹងបាត់បង់បន្តិចម្ដងៗក្នុងមួយថ្ងៃៗ។ គោលការណ៍ដែលឧត្តមជនប្រកាន់នោះ មើលទៅធម្មតាតែវាមិនធ្វើឲ្យមនុស្សស្អប់ខ្ពើមទេ មើលទៅងាយស្រួលតែវាមានអត្ថន័យដ៏ជ្រាលជ្រៅ មើលទៅទន់ភ្លន់ខ្សោយតែវាមានរបៀបរៀបរយ ហើយឧត្តមជនអាចសំរេចបានគោលដៅ ដែលនៅឆ្ងាយនោះពីទីកន្លែងជិតនេះ អាចប្រៀនប្រដៅដល់ប្រជាជនរាប់ពាន់រាប់ម៉ឺនដោយផ្ដើមពីខ្លួនឯង អាចស្រាវជ្រាវដោយល្អិតល្អន់ពីសេចក្ដីច្បាស់លាស់។ ដូច្នេះហើយ ឧត្តមជនអាចឈានទៅដល់កម្រិតខ្ពស់បំផុតនៃសីលធម៌។

(ជុងយុង•ជំពូកទី៣៣)

【ការពន្យល់】

ឧត្តមជនគួរតែមានសេចក្ដីបរិសុទ្ធ ភាពសាមញ្ញ ភាពងាយស្រួល និងសុភាពរាបសាក្នុងចិត្ត បន្ទាប់មកទៅអាចឈានដល់កម្រិតខ្ពស់បំផុតនៃសីលធម៌ដ៏ល្អប្រសើរមួយនេះ។

君子内省不疚

ឧត្តមជនតែងតែពិនិត្យមើលកំហុសរបស់ខ្លួនឯងជានិច្ច

ដូច្នេះហើយគ្មានភាពធ្វេសប្រហែសនិងភាពសោកស្ដាយ ក៏គ្មានគំនិតអាក្រក់លាក់ទុកក្នុងចិត្តដែរ

63. 君子内省不疚

【原文】

君子内省不疚，无恶于志。君子之所不可及者，其唯人之所不见乎？

《中庸·第三十三章》

【释文】

君子常常自我反省就不会有过失和愧疚，也没有恶念头藏在心志之中。君子的德行之所以为一般人所不及，大概就是在这些不被人看见的地方也能保持恭敬谨慎吧？

【解析】

君子要时常反省自己，还要“慎独”，在人所不见之处也能诚信专一，不背离中道。

63. ឧត្តមជនតែងតែពិនិត្យមើលកំហុសរបស់ខ្លួនឯងជានិច្ច ដូចនេះហើយ គ្មានភាពធ្វេសប្រហែសនិងភាពសោកស្ដាយ ក៏គ្មានគំនិតអាក្រក់លាក់ទុកក្នុងចិត្តដែរ

【សេចក្ដីអធិប្បាយ】

ឧត្តមជនតែងតែពិនិត្យមើលកំហុសរបស់ខ្លួនឯងជានិច្ច ដូច្នេះហើយគ្មានភាពធ្វេសប្រហែសនិងភាពសោកស្ដាយ ក៏គ្មានគំនិតអាក្រក់លាក់ទុកក្នុងចិត្តដែរ។ ឧត្តមជនមានសីលធម៌ខ្ពស់បំផុត ដែលមនុស្សធម្មតាទៅដល់មិនបាន ពីព្រោះតែឧត្តមជនតែងតែមានសេចក្ដីគោរព ភាពគួរសម និងសេចក្ដីប្រយ័ត្នប្រយែងនៅក្នុងចិត្ត ទោះជាស្ថិតនៅកន្លែងមួយ ដែលគ្មានមនុស្សនៅ ឬគ្មានមនុស្សមើលក៏ដោយ។

(ជុងយុង•ជំពូកទី៣៣)

【ការពន្យល់】

ឧត្តមជនគួរតែពិនិត្យមើលកំហុសរបស់ខ្លួនឯង និងមានសេចក្ដីប្រយ័ត្នប្រយែងជានិច្ច ហើយក៏មានសេចក្ដីស្មោះត្រង់មិនប្រឆាំងនឹងទស្សនវិជ្ជាជុងយុងដែរ ទោះជាស្ថិតនៅកន្លែងមួយដែលគ្មានមនុស្សនៅឬគ្មានមនុស្សមើលក៏ដោយ។

64. 君子不动而敬

【原文】

君子不动而敬，不言而信。

《中庸·第三十三章》

【释文】

君子在没有行动的时候也是恭敬的，在没有言语的时候也是诚信的。

【解析】

君子外在的言行固然重要，但更重要的是内在的恭敬和诚信。

64. ឧត្តមជននៅមានសេចក្តីគោរពនិងភាពគួរសមចំពោះអ្នកដទៃ ទោះជាគ្មានការប្រព្រឹត្តក៏ដោយ នៅមានសុចរិតភាពក្នុងចិត្ត ទោះជាគ្មានពាក្យសម្តីក៏ដោយ

【សេចក្តីអធិប្បាយ】

ទោះជាមិនមានការប្រព្រឹត្តក៏ដោយ ឧត្តមជននៅតែមានសេចក្តីគោរព និងភាពគួរសមចំពោះអ្នកដទៃ ទោះជាមិនមានពាក្យសម្តីក៏ដោយ ឧត្តមជននៅតែមានសុចរិតភាពក្នុងចិត្ត។

(ជុងយុង•ជំពូកទី៣៣)

【ការពន្យល់】

ពាក្យសម្តីនិងការប្រព្រឹត្តរបស់ឧត្តមជនសំខាន់ តែសេចក្តីគោរពនិងភាពគួរសម សុចរិតភាពក្នុងចិត្តរបស់ឧត្តមជនសំខាន់ជាង។

65. 君子不赏而民劝

【原文】

君子不赏而民劝，不怒而民威于鈇钺。

《中庸·第三十三章》

【释文】

君子不用赏赐民众也会互相劝勉，不用发怒民众也会产生畏惧。

【解析】

君子要以身作则，做到自己不赏赐民众仍受激励，自己不发怒民众也很敬服。

65. ទោះជា ឧត្តមជនមិនផ្តល់រង្វាន់ដល់ប្រជាជនក៏ដោយ ប្រជាជននឹងមានសេចក្តីឧស្សាហ៍ព្យាយាមដូចមុន

【សេចក្តីអធិប្បាយ】

ទោះជាឧត្តមជនមិនផ្តល់រង្វាន់ដល់ប្រជាជនក៏ដោយ ប្រជាជននឹងមានការលើកទឹកចិត្ត ហើយមានសេចក្តីឧស្សាហ៍ព្យាយាមដូចមុន ទោះជាឧត្តមជនមិនខឹងច្រឡោតនឹងប្រជាជនក៏ដោយ ប្រជាជននឹងមានសេចក្តីកោតខ្លាច។

(ជុងយុង•ជំពូកទី៣៣)

【ការពន្យល់】

ឧត្តមជនគួរតែធ្វើឲ្យខ្លួនឯងក្លាយជាមនុស្សគំរូដល់អ្នកដទៃ ទោះជាខ្លួនមិនផ្តល់រង្វាន់ដល់ប្រជាជនក៏ដោយ ប្រជាជននឹងមានការលើកទឹកចិត្ត ហើយមានសេចក្តីឧស្សាហ៍ព្យាយាមដូចមុន ទោះជាខ្លួនមិនខឹងច្រឡោតនឹងប្រជាជនក៏ដោយ ប្រជាជននឹងមានសេចក្តីគោរពនិងសេចក្តីកោតខ្លាចចំពោះឧត្តមជនវិញ។

君子笃恭而天下平

ឧត្តមជនប្រព្រឹត្តតាមសេចក្តីស្មោះត្រង់និងសេចក្តីគោរព នោះនឹងធ្វើឲ្យប្រទេសមានសន្តិភាព

66. 君子笃恭而天下平

【原文】

君子笃恭而天下平。

《中庸·第三十三章》

【释文】

君子笃实恭敬就能使天下太平。

【解析】

君子的表率能收到潜移默化之效，致“治国平天下”之功。子思论“诚”，上承孔子，实际上是论人的信仰和追求，也就是对中庸之道的信仰和追求。只有对崇高信仰的不懈追求，才能达到道德精神的最高境界，从而实现“治国平天下”的宏伟理想。

66. ឧត្តមជនប្រព្រឹត្ត តាមសេចក្តីស្មោះត្រង់ និងសេចក្តីគោរព នោះនឹងធ្វើឲ្យប្រទេសមានសន្តិភាព

【សេចក្តីអធិប្បាយ】

ឧត្តមជនប្រព្រឹត្តតាមសេចក្តីស្មោះត្រង់និងសេចក្តីគោរព នោះនឹងធ្វើឲ្យប្រទេសមានសន្តិភាពនិងភាពសុខសាន្ត។

(ជុងយុង•ជំពូកទី៣៣)

【ការពន្យល់】

គំរូរបស់ឧត្តមជននឹងធ្វើឲ្យមានភាពល្អប្រសើរឡើងបន្តិចម្តងៗ ហើយមានផលប្រយោជន៍ដល់《ការដឹកនាំនគរឲ្យបានល្អនិងការធ្វើឲ្យប្រទេសមានសន្តិភាព》។ ជឺ សី យល់ថា សេចក្តីស្មោះត្រង់បានបន្តពីលទ្ធិខុងជឺ គឺអធិប្បាយការស្វែងរកជំនឿរបស់មនុស្ស ពោលមួយបែបទៀតថា អធិប្បាយការស្វែងរកទស្សនវិជ្ជាជុងយុង។ ទាល់តែស្វែងរកជំនឿដ៏ខ្ពស់បំផុតនេះដោយម៉ឺងម៉ាត់ ទើបអាចទៅដល់កំរិតដ៏ខ្ពស់បំផុតនៃសីលធម៌ រួចនឹងសំរេចឧត្តមគតិដ៏មហិមា ដែល《ដឹកនាំនគរឲ្យបានល្អ និងធ្វើឲ្យប្រទេសមានសន្តិភាព》។

予怀明德，不大声以色

ខ្ញុំកោតសរសើរចំពោះសីលធម៌ដ៏ភ្លឺស្វាងរបស់ស្តេចវីនវ៉ាង

ដោយសារតែស្តេចវីនវ៉ាងមិនខឹងច្រឡោតនិងមិនជេរចំពោះប្រជាជនសាមញ្ញទេ

67. 予怀明德，不大声以色

【原文】

《诗》云：“予怀明德，不大声以色。”子曰：“声色之于以化民，末也。”

《中庸·第三十三章》

【释文】

《诗经·大雅·皇矣》说：“我（上帝）赞赏文王光明的德行，他对待民众从不厉声厉色。”孔子说：“用厉声厉色去教化民众，是舍本而逐末。”

【解析】

君子要效法天地，无声而教，无言而化，达到教化的最高境界。

67. ខ្ញុំកោតសរសើរចំពោះសីលធម៌ដ៏ភ្លឺស្វាងរបស់ស្ដេចវីនវ៉ាង ដោយសារតែស្ដេចវីនវ៉ាងមិនខឹងច្រឡោតនិងមិនជេរចំពោះប្រជាជនសាមញ្ញទេ

【សេចក្ដីអធិប្បាយ】

ក្នុងស្នាដៃឈ្មោះស៊ីជីង•តាយ៉ា•ហួងយី ដែលធ្លាប់និយាយថា ខ្ញុំកោតសរសើរចំពោះសីលធម៌ដ៏ភ្លឺស្វាងរបស់ស្ដេចវីនវ៉ាង ដោយសារតែស្ដេចវីនវ៉ាងមិនខឹងច្រឡោតនិងមិនជេរចំពោះប្រជាជនសាមញ្ញទេ។ ខុង ជឺ និយាយថា បើប្រៀនប្រដៅប្រជាជនសាមញ្ញដោយកំហឹង និងការជេរ នេះបានន័យថាបោះបង់ចោលភាពដើមនិងទទួលយកភាពចុងហើយ។

(ជុងយុង•ជំពូកទី៣៣)

【ការពន្យល់】

ឧត្ដមជន គួរតែធ្វើត្រាប់តាមក្រឹត្យក្រមនៃធម្មជាតិ ទោះជាគ្មានការខឹងច្រឡោតនិងការជេរ ចំពោះប្រជាជនសាមញ្ញយ៉ាងណាក៏ដោយ ក៏អាចប្រៀនប្រដៅដល់ប្រជាជនសាមញ្ញបាន រួចហើយ នឹងទៅដល់កម្រិតដ៏ខ្ពស់បំផុតនៃសីលធម៌។